大教育书系

论小学教学

O НАЧАЛЬНОМ ОБУЧЕНИИ

（苏）列·符·赞科夫◎著 孙为◎译

长江出版传媒 长江文艺出版社

图书在版编目（ＣＩＰ）数据

论小学教学 / （苏）列·符·赞科夫著；孙为译
. -- 武汉：长江文艺出版社，2017.10
　（大教育书系）
　ISBN 978-7-5354-9750-5

　Ⅰ. ①论… Ⅱ. ①列… ②孙… Ⅲ. ①小学－教学改
革－苏联 Ⅳ. ①G622.0

　中国版本图书馆 CIP 数据核字(2017)第 137483 号

责任编辑：秦文苑　马　蓓　　　　　　　责任校对：陈　琪
装帧设计：天行云翼·宋晓亮　　　　　　责任印制：邱　莉　　胡丽平

出版：　长江出版传媒　　长江文艺出版社

地址：武汉市雄楚大街 268 号　　　　邮编：430070
发行：长江文艺出版社
电话：027—87679360
http://www.cjlap.com
印刷：崇阳文昌印务股份有限公司

开本：680 毫米×1000 毫米　　1/16　　印张：13　　插页：1 页
版次：2017 年 10 月第 1 版　　　　2017 年 10 月第 1 次印刷
字数：126 千字

定价：29.80 元

序　言

　　当今学校面临很多新的任务，这种形势下针对小学教学需要提出一些改革措施，而本书编写的目的也正是如此。实现个性的全面发展，培养和谐地融合了理想精神、高尚道德和强健体魄的新人，这个宏伟的愿景正在激励和鼓舞着我们。

　　显然，小学教学在这个伟大任务的实现中起着非常重要的作用。因为正是在小学奠定了培养新人和学生今后进一步掌握知识及技巧的基础。怎样安排小学阶段的教学培养工作，这决定了学生是否能够很好地掌握知识和技巧以及他们的发展速度。

　　本书针对小学教学体系所提出的改革，其核心思想是希望能为学生的普遍发展提供最有效的教学。新体系下展开的教学是基于对"教学与发展"的研究。[①] 该项研究旨在解决教学与学生普遍发展之间有机联系的特点这一理论问题。该目的与建立一种新

001

---

　　① 这项研究由俄罗斯联邦教育科学院教育学理论和历史研究所所属教育与发展实验室的以下科研人员进行：教育科学院院士 Л. В. 赞科夫，高级研究员：И И. 布德尼茨卡娅 、И. И. 兹鲍罗夫斯卡娅、М. В. 兹维列娃、М. А. 扎娃茨卡娅、И. П. 托夫涅茨；初级研究员：Е. И. 奥鲍佐娃、А. В. 波利亚科娃、Н. Я. 丘特科、Л. В. 赞科夫

的小学教学法体系紧密联系起来。在研究中将普通的传统教学与另一种教学过程的结构进行对比，这种结构能使学生的普遍发展取得最好的效果。

在研究该问题的相关文献中已有一些关于教学与发展的相互关系的重要论点（Л. C 维果茨基，B. Г 安纳尼耶夫，Д. Н 鲍戈亚夫连斯基，Г. C 科斯丘克，А. Н 列昂捷夫，Н. А 缅钦斯卡娅等）。然而，并没有组织过那些能最有效促进学生发展的实验性教学——教育过程。也没有研究过那些由于教学安排而引起的学生发展进程上的差异和学生在掌握知识及技巧方面的差别。我们在研究时想尽可能地完成这些意义重大的科学任务。

本书所提的关于小学教学改革的思想不仅建立在理论论证的基础上，而且有实际组织小学教学和教育工作的根据。

1957 年 9 月我们开始在莫斯科第 172 小学的一个班进行研究。此项研究贯穿了该班整个小学教学阶段，期间全班学生的组成没有发生改变。在这个实验阶段中，教学持续了四年时间，完成了四年制小学的全部教学大纲内容。此外，还学习了五年级教学大纲中相当一部分内容，其中个别学科的教学大纲甚至已完全学完。

自 1961~1962 学年开始，实验在加里宁市学校 10 个一年级班里重复进行。从 1962~1963 学年起，实验扩大到加里宁市和图拉市的 20 个一年级班和 10 个二年级班。两个阶段的实验都充分说明，在三年时间里可以完成四年制小学教学大纲的全部内容，而且不会对学生的学习造成任何负担。除此之外，实验教学阶段所用的教学大纲与现有的大纲相比，内容更加丰富和具有深度。

我们的最终目的绝不是为追求教学的高速度。之所以需要教学的高速度，是为了使学生获得高水平的普遍发展。与此同时，节约教学时间本身也意义重大。我们现在所提的小学教学的教学法体系是按照三年时间来建设的。

　　现在人们建议从四年级开始改成每门学科都由全职教师负责，取代之前一个班只由一名教师负责的制度，对此应该作出一些说明。但是，尽管变成由专职教师讲课，四年级的教学大纲与之前基本上无异，只是作了一些补充和完善。纵然人们把类似这种建议称为"从四年制向三年制小学教学的转变"，但实际上这种转变并不存在，改变的只有教学过程的组织工作。显而易见，上述建议与我们所建立的，经过实验检验的小学教学法体系没有任何相同之处。

　　就像研究过程中所做的那样，我们在本书中将新的小学教学体系与普通的传统体系进行对比。所谓传统体系是指那种具体反映在教师用书、教科书和学生用书中的体系。

　　当然，我们在小学教学的思想基础层面与传统的教学法体系不存在任何分歧。思想基础是相同的，即对正在成长的新一代开展共产主义教育。学校教育从总体上对思想倾向的一般要求所做的阐述就是苏联小学的教育内容。然而，对于实现既定目标的途径则存在多种不同的认识。在这方面我们和既已定型的传统教学法代表们的观点不一致，并且我们有事实和实验来支撑这些观点。

　　与现行的教学法体系作对比，这绝不意味着，这种体系很差劲，应当全部被换掉。教学方法和手段是在几十年的教学实践中慢慢累积起来的，其中有些是合理的。与此同时也必须对它们进行改革和进一步发展。它们经常被用在不恰当的地方。

本书编写的目的并不在于要全面论述各学科的教学方法，在探讨各学科的一些章节中我们讨论教学法问题只是为了将我们构建小学教学的总思路具体化。详细揭示各学科的教学法，这是一项专门的任务，在已经问世的一些著作中①已经部分完成了该项任务。

实验教学的成效我们另有说明。②

---

① 参阅 Л. B. 赞科夫、H. B. 库兹涅佐娃：《一年级俄语教学经验》，莫斯科：俄罗斯联邦教育科学院出版社 1961 年版；Л. B. 赞科夫、H. B. 库兹涅佐娃：《一年级算术教学经验总结》，莫斯科：教育书籍出版社 1961 年版。

② 参阅 Л. B. 赞科夫：《学生在教学过程中的发展（一、二年级）》，莫斯科：俄罗斯联邦教育科学院出版社 1963 年版。

目　录

第一章　小学教学的问题

第一节　小学教学的一般特征

　　小学教学是学校教育体系中一个与众不同的阶段，当人们试图明确小学教学的特点时，经常会谈到它的基础性。例如，在《小学》一书中写道："在普通八年制教育学校最初四个年级中，需要为学生高年级的进一步学习做好教学上的准备。"[①] 在很多其他专著中也反复强调了小学教学的"基础性"[②]。

　　如果研究任何一个教育阶段与后续教育阶段之间的关系，那么它们中的每个阶段都是准备阶段。因此，五至八年级是为九至十年级的学习或者是为专科学校的职业教育做准备。从总体上

---

　　① М. А. 麦尔尼科夫编：《小学》，莫斯科：教育书籍出版社1950年版，第28页。

　　② Б. Г. 安纳尼耶夫、А. И. 索罗基娜编：《儿童的初期教学和教育（一年级）》，莫斯科：俄罗斯联邦教育科学院出版社1956年版。

看，一切普通学校的教育都是为高等教育做必要的准备。然而，这点并不妨碍每个阶段的教育都有它独立的任务。因此，实际上任何阶段的教育不仅有该阶段所特有和独立的任务，同时还有为向后续阶段过渡做准备的任务。

但是，很多人谈到小学教学时并不这么认为，而是根据上述第二方面，把小学教学和后续阶段的教学严格区分开来，也就是将小学教学的准备性特征放到首位。小学教学作为一个特殊的领域，建立在与其他后续学校教育教学法不同的基础之上，并且从学校教育体系中分离出来。

这种小学教学的观点突出体现在小学教学的结构中，而这一结构首先在教学计划、教学内容以及教学法中得到了具体反映。大量事实可以证明这一点，接下来我们将谈一谈其中一些事实。

名词和形容词的变格，动词的变位在三四年级就接触过[①]，五六年级时这些内容需要全部重复学习。[②]

尽管没有直接言明，但这种语法课程的安排表明：小学里对语法的学习是一种"准备性学习"，真正的语法课程从五年级才开始。

在研究算术时也发现类似情况。在小学阶段，在四年级就会

---

① M. Л. 扎科茹尔尼科娃、H. C. 罗日杰斯特文斯基：《俄语（小学三年级教科书）》，莫斯科：教育书籍出版社1961年版；M. Л. 扎科茹尔尼科娃、H. C. 罗日杰斯特文斯基：《俄语（小学四年级教科书）》，莫斯科：教育书籍出版社1961年版。
② C. Г. 巴尔胡达罗夫、C. E. 克柳契科夫：《俄语（五、六年级教科书）》，莫斯科：教育书籍出版社1962年版。

讲到算术运算的定义和各种运算之间相互关系的知识。[①] 而这些内容在五年级的算术课程中仍然存在。[②] 这种小学教学的观点，从某些方面看，还体现在对片段性课程和系统性课程的划分上。这种划分将小学教学与后续阶段的学校教育对立起来。小学教学的特点是片段性课程，而系统性课程是后续各年级的事。

这种对立有它产生的根源。惯性力量有着一定的影响，例如，当我国没有八年制教育时，一些在过去确实有必要的东西以某种形式保留了下来。在普及八年制教学后这些东西成为知识和技巧教育方面基本但完整的体系。关键原因是有这样一种思想，认为小学教学应当为学生五年级及其后续进一步接受教育所必需的阅读、书写、算术、正字法和其他技巧打好基础。不夸大地说，这已成为一种主流思想，并实实在在地体现在当今小学教学的所有教学法中。

例如，俄语教学大纲的说明写道："学生们熟练掌握俄语方面的知识、技能和技巧，这能为他们进一步掌握知识铺平道路。"[③]

近几十年来小学首先并且主要是为学生的技巧训练服务的。在小学，理论知识少之又少，而且这点理论知识几乎完全服从于技巧培养的任务。这个问题的其他方面将在本书后续章节中详细

---

① А. С. 普乔柯、Г. Б. 波利亚克：《算术（三年级教科书）》，莫斯科：教育书籍出版社1962年版；А. С. 普乔柯、Г. Б. 波利亚克：《算术（四年级教科书）》，莫斯科：教育书籍出版社1962年版。

② И. Н. 舍甫琴科：《算术（五、六年级）》，莫斯科：教育书籍出版社1960年版。

③ 《八年制学校教学大纲（小学）》，莫斯科：教育书籍出版社1961年版，第3页。

阐述，现在我们只简单讲讲其中一个方面。

　　小学教学需要为今后一定范围的牢固技巧训练打好基础，这个要求是出于下述设想：可以建立一种（哪怕是有限的）技巧体系，它是完整的，并且能为后续阶段的教育奠定基础。但学生们暂时还很难领会到这些技巧，而对语言、数学现象的相关规律性的理解要拖到五年级以后。

　　试图建立一种牢固且完整的技巧体系，这种想法在某些方面有一定道理，这主要是指阅读和书写（意思是习字）的技巧。毋庸置疑，在小学阶段可以并且应当掌握阅读（它的正确性和流畅性）与书写方面的技巧，这是今后进一步接受教育的基础。

　　讲到正字法这样的技巧，情况又有所变化。顺便提一下，对学生们而言掌握这种技巧是很不容易的一件事。[①] 小学教学阶段在正字法方面建立一种自觉而牢固的技巧体系，这应当如何理解呢？这是个无法避免的问题。因为正字法规则，其中包括二、三年级会学到的一些规则（如：词根中非重读元音的书写规则），在不同领域的语言材料中都起着至关重要的作用，而这些材料对学生来说过于复杂和困难。现在小学里传授给学生的东西，只是在极其有限、极其肤浅的材料中应用这个规则。因此，语法的学习和对正字法的掌握尽管在一定程度上是完整的，但它们绝不能为后续阶段进一步接受教育奠定基础。这只是对语法课程学习的某种"尝试"。显然，这种尝试对学生今后的学习有一定的好处，因为学生已事先熟悉了各种规则，但这根本不是人们说明小学俄语教学任务时所提的那种基础。

---

　　① 众所周知，阅读和书写（习字）技巧并不是绊脚石。

计算操作和对算术题的解答情况也是这样，因为本书第五章将专门研究算术教学，这里我们不再赘述这点。

现在来谈谈小学阶段的教学计划。

教学计划是反映各种小学教学观点的最重要文件之一。

在 M. A. 麦尔尼科夫 1950 年编写的《小学》一书中引用了一份学时分配表如下（见表 1）

表 1

课程	年级			
	一	二	三	四
	每周学时数			
俄语	15	14	15	8
算术	6	7	6	7
历史	—	—	—	3
地理	—	—	—	3（2）*
自然	—	—	—	2（3）
绘画	1	1	1	1
唱歌	1	1	1	1
体育	1	1	2	2
总计	24	24	25	27

* 括号中的数字是第二学期的学时数。

针对上述教学计划说明中的规定，一至三年级用于俄语教学的学时中必须留出一定时间用于各种参观、上实物课和进行实践活动。[1] 如果规定用于上述活动的时间是每星期 2 学时，那么专门用于俄语学习（阅读、语法、正字法和言语发展）的时间达到每星期 12～13 个学时。因此，用于俄语和算术的教学时间总和

---

[1]　M. A. 麦尔尼科夫编：《小学》，莫斯科：教育书籍出版社 1950 年版。

为每星期 19 学时，这个数字占全部教学时间的 79%。值得注意的是，参观、实物课和实践活动往往都是空谈，因为在教学计划中根本没有为这些活动预留时间，所以实际上俄语教学所用时间也就更多。

当然，上述教学计划并不能完全说明小学教学的特征，因为用于各学科的学时充斥着五花八门的教学内容。很显然，这种教学计划有利于人们将小学教学直接简化为技巧形成（口语、阅读、正字法和运算技巧等）的教学。

在 1955 年小学教学计划中曾出现一些改动①。其中在小学一至四年级增设了一门新课程——劳动课，并且规定该课程的教学时间为每周 1 学时。小学劳动课的出现意义十分重大，这在一定程度上减轻了小学教学的片面言语性特征。可是教学计划在总方向上并没有实质的改变。各学科的教学时间基本与之前一样，只是稍微削减了俄语教学的学时，从之前四个年级每星期共 52 个学时改为现在每星期 48 个学时。

1959 年，按照俄罗斯联邦教育部《关于加强学校与生活之间的联系及进一步发展苏联国民教育体系》的决定，拟定了八年制学校新的教学计划。该计划将劳动教学时间从过去每周 1 学时增加到现在每周 2 学时，此外，在三、四年级每星期有 2 个学时用于公益性劳动。除俄语外，其他课程的教学安排与之前无异，一至四年级每周俄语学时总数从 48 缩减到 46 个学时。之前四年级每周各 2 学时的地理、自然两门课现在被一门统一的课程——

---

① 参阅《俄罗斯联邦教育部政策法令汇编》，1955 年第 29 号。

自然常识课所替代，该课程每周 3 个学时。[1]

这里我们不再赘述小学教学计划所经历的种种复杂变化（我们的任务不在于此），只想指出一点，在最近十年，直观反映在教学计划中的小学教学结构并没有实质性的改变。同时，呈现出一种明显的趋势，即劳动教学和公益劳动的作用正在慢慢加强。出现越来越多的有利条件来帮助克服小学教学的片面言语性特征，这体现了生活的要求。

俄语教学所用的总学时数仍相当可观，下面将会指出，这种情况不利于小学教学的多面性，它是不合理的。在这里我们认为只有一种情况有必要指出：人们在试图论证为什么把大量学时用于俄语教学时，经常引用 К. Д. 乌申斯基的观点。的确乌申斯基认为，掌握母语是小学教学的基础。但不容忽视的是，他所指的是语言财富的掌握要和孩子思维的发展有机联系起来，他写道："要使儿童了解人民的语言，就要使他们了解人民的思想、人民的感情、人民的生活和人民的精神领域。"[2] 现在，尽管没有直接言明，但俄语教学基本演化为技巧的训练：阅读技巧、正字法技巧和书写技巧。

不妨列举一些国外初级学校（或第一级学校）教学计划中各学科学时比值的数据。需要强调的是，这些数据仅作为参考，而不要认为只有参考数据中的这种比值才是合理的。国内学校与国外学校在培养目标上有着原则上的区别。与此同时，两者的教学——培养工作的方法和教育途径也有着本质的不同。在法国一

———————————

① 参阅《俄罗斯联邦教育部政策法令汇编》，1959 年第 26 号。

② К. Д. 乌申斯基：《论俄语初期教学》，全集共 5 卷，莫斯科—列宁格勒：俄罗斯联邦教育科学院出版社 1949 年版，第 345 页。

所一级学校中，根据教育部所制订的教学计划，分配给国语课
（包括阅读在内）的教学时间为：一年级每星期 12.5 个学时，
二、三年级分别为 10.5 个学时，四、五年级各为 9 个学时。除
了法语和算术，教学计划中还包含以下课程：历史和地理、绘画
和手工、唱歌和音乐，运动和体育、直观教学课、教师指导课和
户外体验课。①

　　在纽约州的初级学校中，总学时的 30％用来上包括书写和
正字法在内的国语课。除了国语和算术这两门课，教学计划中还
有下列课程：社会学、自然和正字法、艺术和手工（绘画、戏
剧、设计和泥工）、体育（其中包括韵律体操、表演和舞蹈）。②
正如我们现在所看到的，上述两种教学计划中分配给国语课的教
学时间并没有那么多。教学计划中的课程和活动丰富且多样。

　　上述情况证实了一点，我们现已形成的小学教学体系还有很
多缺陷。当前国内学校面临很多任务，因此提出小学教学改革的
问题很有必要。学校将在培育新人，实现个性全面发展上起着重
要的作用。

　　如果从这些任务的角度去看传统的小学教学体系，那么就有
必要对这种体系进行根本的改革。我们力求培养出有创造力的
人，但现有的小学教学体系却将学生变成了片面的执行者。我们
希望生活能像奔腾的河水那样能紧密融入进学校教学中去，儿童
能看到生活的五彩缤纷，但现在的小学只是通过零星几次的参观
和《国语》教科书中的几篇文章向儿童展示生活，这是远远不

----

① 参阅法文期刊《通用手册》1956 年第 6 期，第 75 页。

② 纽约州教育局小学课程规划处编：《小学课程设置》1954 年第 94
号。

够的。

显然，从根本上改革小学教学的时机已然成熟。但改革是一个复杂且多面的过程，为了实现这种改革必须要有明确的教学核心。我们认为，教学过程能卓有成效地促进学生的全面发展即是这一核心。

第二节 小学教学的结构和学生的普遍发展

乌申斯基曾强调，小学教学主要应该是发展性的教学。这种思想贯穿他关于小学教学的思想之中，同时在其所作的教学法说明和编写的教科书《国语》及《儿童世界》中都有所体现。

怎样理解教学的发展性作用呢？这个问题应该与所谓的"形式教育"联系起来。在《星期天学校》一文中乌申斯基曾说过他如何看待教育的形式目的与实际目的之间的相互关系。他写道："第一种教育目的，也就是形式目的是为了发展学生的智力、观察力、记忆力、想象力和判断力。"[1] 第二种教育目的，即实际目的。为实现这个目的"必须理智地选择用于观察、认识和思考的对象"。即能促进孩子智力觉醒的对象。与此同时教师也不能过分迷恋其中一种目的而忽视了另外一种目的的存在。

可以发现，乌申斯基并没有将形式教育和实际教育对立起来，相反，他肯定了两种教育间有着内部联系。在评价"形式教

---

[1] 《乌申斯基全集》第 2 卷，莫斯科—列宁格勒：俄罗斯联邦教育科学院出版社 1948 年版，第 500 页。

育"时乌申斯基说："人们之前所理解的智力发展的形式实际上是并不存在的虚幻泡影，智力的发展只能在现实实际的知识中才能实现。"①

在很多研究小学教学的著作中都提到了促进学生发展的必要性。例如，在《小学》一书中写道："但早期教学的任务不仅要向学生传播一定量的知识，还要有体系地发展他们的探索精神，使他们养成对阅读的兴趣和热爱，发展其智力。"②

在《八年制学校教学大纲》中也提到这点，即小学教学不仅要使学生掌握知识，获得技巧，还要发展他们的认知能力。比如说，在俄语课程教学大纲的说明中指出："国语教学的开展应借助那些能发展儿童认知能力，培养他们独立思考技能的方式和方法。"③ 同样的精神也适用于算术教学的任务。在针对教师的教学参考书中也有类似说法。④

可以发现，小学教学具有发展性这一思想的产生由来已久，且至今仍常被提起。但重要的是："不仅要指出教学具有发展性作用这一普遍原理的存在，还要明白，为什么原理的提出者偏偏认为致力于小学生发展的工作非常有必要。"

乌申斯基认为，采取一些有很大实现可能的教学方法是促进

---

① 《乌申斯基全集》第 8 卷，莫斯科—列宁格勒，俄罗斯联邦教育科学院出版社 1950 年版，第 661 页。

② M. A. 麦尔尼科夫编：《小学》，莫斯科：教育书籍出版社 1950 年版，第 28 页。

③ 《八年制学校教学大纲（小学）》，莫斯科：教育书籍出版社 1961 年版，第 3 页。

④ C. П. 列道祖波夫：《小学俄语教学法》，莫斯科：教育书籍出版社 1955 年版；A. C. 普乔柯：《小学算术讲授法》，莫斯科：教育书籍出版社 1953 年版。

学生发展的最重要途径。

在乌申斯基看来，发展学生的思维非常重要。他制定了一套严密的逻辑训练体系，其核心在于使儿童清楚理解词的含义。例如，在《国语》头两册中罗列了很多学习用品、玩具的名称。儿童边做练习边在脑海中重现相关事物的名称。在全文里在玩具或学习用品的名称下面划线以及回答书是什么、球是什么等问题。在《国语》一书中也安排了"家具""餐具""衣服""鞋子""内衣""野兽"和"家禽"等教学主题。

因此，乌申斯基为学生智力的发展提出了两种工作思路。一种是在获取知识过程中"顺便"（乌申斯基个人用语）锻炼学生的智力。另外一种则在很大程度上旨在专门发展学生的智力，但即使这样，学生还得学习一定的教育材料。第二种思路首先并且主要是为了引导学生逻辑思维的形成。

学生完成了发展的任务，但现行的教学法却将这种成就看作是学生掌握技巧和知识的"副产品"。人们在掌握技巧时竭力找出可以算作学生发展上进步的时刻。例如，在普乔柯编写的《小学算术教学法》一书中提到："算术在发展学生的智力……在发展学生的逻辑思维上贡献巨大……为解出一道多多少少有些难度的算术题，学生应该有逻辑地思考。因为解题贯穿于所有的算术课上，因此很自然地（此处着重号为赞科夫所加——译者注）算术学习在相当程度上演变为逻辑的训练：培养学生有联系且合乎逻辑地思考的能力，使他们养成证明和论证自己观点正确性的习惯，锻炼学生将复杂问题分解为若干部分并逐一解答来解决整个问题的能力。"①

需要注意这样一个事实，现在只在教学参考书中说明教学一般任务的章节中才提到致力于学生发展的问题。

致力于学生发展的口号在研究具体教学方法和方式时并没有得到具体体现。

教学具有发展性这一思想在现行的小学教学法中只是非常笼统且概括地被提了提，它在教学内容和教学方法的相应结构中并没有得到具体说明，这绝不是偶然而为之。人们认为，只要进行必要的教学就能使学生在发展上取得预期的效果，实际情况也的确如此。因为体现在小学教学法里的核心思想就是这样。

这里我们列举教学法参考书编者们一些典型的观点来说明。在列道祖波夫的《教学法》一书中提到："我们应借助语言手段来对儿童思维施加教育影响（因为思想是通过语言来实现的）：提高儿童的语言能力，毋庸置疑，我们也就发展了他们的思维，使他们的思想得以形成和明确。"②

阿达莫维奇在《小学讲读》和其他关于小学俄语教学的参考书中提到了类似观点。例如，他在书中写道："儿童在母语学习的过程中了解周围现实，获得教学大纲规定的有关大自然和社会的知识。同时，他们的思维和言语也得到发展。"③

上述观点传达了一个明确的中心思想：思维在语言教学过程

---

① A. C. 普乔柯：《小学算术讲授法》，莫斯科：教育书籍出版社1953年版，第5页。

② C. П. 列道祖波夫：《小学俄语教学法》，莫斯科：教育书籍出版社1955年版，第9页。

③ E. A. 阿达莫维奇：《小学讲读》，莫斯科：教育书籍出版社1954年版，第6页。

中得到发展。因此人们认为完成了阅读、语法和正字法的教学任务就相当于实现了学生发展的任务。

但实际上，传授学生语言绝不意味着学生的思维就自然而然地也得到巨大发展。

在关于小学俄语教学的教学法参考书中没有考虑到词的意义在儿童的意识中是经常变化的。当儿童和成人指同一个物体时，他们所用的词可能是一样的。但他们所用词的含义可能并不相同。[①]

如果不对这些规律加以注意，不关心学生在理解词义上逐渐取得的进步，那么词汇教学就不能为学生思维的发展带来预期的成效。

小学教学法参考书中对俄语教学与培养学生思维之间的关系所作的说明只是一家之论，它只是泛泛地理解教学对发展的影响。为解决这个问题小学教学法认为："如果对儿童展开教学，那么也就自然而然地推动他们前进。"

这种说法只在一点上是正确的，即在教学中学生的发展的确会有某种成效。但关键却不在于是否取得某种成效，而在于促进学生发展的教学效率要尽可能的高。

这就无法避免地会产生一个问题：当教师在学生掌握知识和技巧方面取得了预期的成效，这是否也就说明在学生的发展上实现了教学的高效率。如果从现行小学教学法所持观点来看，应该给予这个问题肯定的回答。但事实却并非这样。我们在莫斯科及

---

① Л. С. 维果茨基：《思维与言语》，载《心理学研究选集》，莫斯科，俄罗斯联邦教育科学院出版社 1956 年版，第 191 页。

外地学校所进行的观察和专门调查证实，学生在小学很好地掌握了知识和技巧，但这并不意味着他的发展就取得了重大成效。

让我们列举一些例子。在莫斯科一所学校第一和第二学年中，我们系统地观察了该校的教学培养工作，学生们知识和技巧掌握的程度及他们的发展情况。该校有一位区级优秀女教师，她们班学生的成绩很优秀。例如，在有相当难度的听写中，他们班平均每位学生的错误量为 1.3。该数字表明这个班的学生已经有相当高的识字水平。一般情况下，在听写中学生的错误量比这多，例如，罗日杰斯特文斯基在三年级进行的调查表明，平均每个学生的错误量为 2.9。[①]

上面提到的二年级学生还顺利掌握了计算方面的技巧。但这些学生在发展上的进步却很不显著。例如，在学校的两个学年中（从一年级开始到二年级结束）学生在发展观察力方面所取得的进步是：用句子来对所感知的对象进行描述，其句子数量从 7.7 增加到 10.0，总体上提升了 30%。[②]

至于抽象思维的发展，两个学年中该班只有 11% 的学生进入了更高水平的下一个阶段。[③] 如果有些教学法能大大帮助学生掌握技巧和知识，但却不能促进他们的发展，那么教学过程就应倾向于有效促进学生的发展。

为了学生高度全面发展任务的实现，应该怎样安排小学教学

---

① H. C. 罗日杰斯特文斯基：《词的语音和语法分析是提高三、四年级学生识字水平的手段》，载《小学俄语教学法问题》文集，莫斯科：俄罗斯联邦教育科学院出版社 1959 年版，第 34 页。

② 指平均每名学生叙述的数量。

③ 参阅 Л. В. 赞科夫编：《教学过程中学生的发展（一、二年级）》，莫斯科：俄罗斯联邦教育科学院出版社 1963 年版。

呢？回答该问题前首先让我们简单说说"普遍发展"这个概念。

谈到普遍发展，通常它指的是人在发展中的心理教育方面。"普遍发展"与"全面发展"不能一概而论，不能混淆这两个概念。全面发展首先并且主要是指人在发展中的社会方面或者广泛的社会教育方面。①

儿童的个性发展，它的全面发展就是我们所理解的普遍发展。因此普遍发展与全面发展一样都是与单方面的、侧面的发展相对立。从心理学角度看，对普遍发展的分析建立在心理活动某些形式这条线的基础上。如果说在传统上将心理活动划分为智力、意志和情感三种形式，那么普遍发展就囊括了这三种形式的发展。可是我们认为，上述划分注定会消亡，毋庸置疑，这种划分会被心理分析的其他流派所替代。因此我们不使用这种划分，而更多地探讨我们现在正在研究的分析性观察、抽象性思维和实际操作这三种形式的心理活动。

当然，观察和思维更接近于第一条分析线，即它们更像一种智力活动。（在当代的心理学参考书中智力活动通常被称之为"认识过程"，但是在完成为调查学生观察和思维情况而布置的作业中，意志范围内被称为"行为目标意识""使自身行为符合既定目标意识""意志力努力"等意识活动起着非常重要的作用。）而认识过程在实物制作过程中不能与意志活动相脱离这一点早已十分清楚。

这里不得不提普遍发展的另一个特征。与以普遍发展为基础

———————————

① 参阅 Ф. Ф. 科罗列夫编：《人的个性的全面发展是共产主义建设的最重要任务》，载《苏维埃教育学》1961 年第 7 期。

的行为方式一样，个性品质也体现在各种教学材料和情景中。普遍发展与某个确定领域（例如，某个艺术领域或科学领域以及科学的分支领域）的区别就在这里。

当然，普遍发展与专门发展并不是个性形成过程中彼此隔绝的两个轨道。相反，普遍发展为专门发展奠定了坚实的基础，而专门发展在适当的引导下又促进了普遍发展。当然，任何领域的活动只依赖普遍发展是远远不够的。必须要形成心理活动某些特定的属性，掌握相关的知识和技巧（例如，在音乐领域必须要形成音乐辨音力和节奏感）。

应当强调指出，"发展"这个概念在其包罗万象的意义上所包含的一切内容都属于儿童的普遍发展：由简单到复杂，由低级到高级的运动，沿着上升路线，从旧的质的状态的运动到新的更高品质的状态的运动，更新的过程，旧事物的消亡，新事物的产生。

当然，我们在研究时注意到了学生间的个体差别。这种差别存在于任何班级之中，其中包括我们的实验班。对能力的本质，即所谓的一般天赋与特殊天赋之间的相互关系这里我们不作深入研究和探讨。目前这类问题在科学上还没有令人满意的解答。我们只提出一点，在我国心理科学中，对能力的基础及其发展条件提出了一定的见解。某些与生俱来的特点，天资，[①] 即形成人与人之间先天差异的那些解剖生理特点是能力的基础。

天资——这只是能力形成的条件之一。天资本身绝不是能力

---

① 参阅 Б. М. 捷普洛夫：《能力与天资》，载《国立心理学研究所学术论丛》（第 2 卷），莫斯科，1941 年，第 29 页。

形成的先决条件。能力只会在活动过程中得到形成和发展（捷普洛夫）。这一思想十分重要，我们就是依据它来安排实验班的教学和教育工作。

学生之间的差异在小学的最初阶段就很明显地表现出来。在实验班有些学生的水平要远低于中等生。与此同时，又有一些学生由于其很高水平的发展和相当数量的知识储备在班里特别突出。

我们假设：以适当方式安排的教学将有助于促进全体学生的发展，同时我们也清楚地意识到，每个学生的发展无论是在速度方面还是在其质的特点上都是不一样的。

在实验教学中我们要尽量避免"一刀切"地对待全体学生，避免使他们一模一样地发展。应当把关心所有学生的最佳发展与适当利用个人兴趣和能力有机地结合起来。

专门发展与某一学科或某一系列学科（物理—数学、自然—地理、人文学科）紧密相连。这种发展与普遍发展是有区别的。普遍发展是指个性特征的形成和质变。这些个性特征是成功掌握任何学科学习材料的基础，而从学校毕业后它们又成为任何领域人类活动中创造性劳动的基础。如果在观察力、思维、言语、记忆和意志品质这些方面取得很大进步，那么这些都会成为一个人不可分割的宝贵财富。

但如果这样来理解普遍发展，那么在小学教学改革中就不能仅局限于对各学科教学法进行改进，哪怕这是最为激进的一种改进。必须要确定一些教学过程安排的原则，使得这些原则成为所学学科教学的统一核心。

我们根据维果茨基关于教学与智力发展相互关系的原理提出

了一些原则。维果茨基认为，教学应走在发展的前面。教学不仅要建立在已结束的发展程序上，还要建立在那些还未成熟的心理机能上，并且能促进这些机能向前发展。例如，儿童身上保障书面语的心理机能尚未成熟时就开始教他们书写。因为书面语的掌握要求学生在言语活动中具有自觉性和任意性。儿童学习书面语时就相当大程度地促进了自身智力的发展。[①]

维果茨基正确强调了教学对促进儿童心理机能形成的作用，但他并没有指出，如果教学过程的安排有所不同，那么学生在发展方面所取得的成效可能也大为不同。例如，采用什么样的书面语教学决定了书面语教学对促进学生智力发展的程度和质量。

根据我们对教学与发展相互关系所作的研究可以提出构建小学教学体系的一些教学论原则。这种体系不仅能促进学生智力的发展，还能有效推动他们的普遍发展。

考虑到本书后续章节将会针对每门学科来具体阐述我们的教学论原则，这里我们仅简单讲讲它们。

因为现行的传统小学教育体系并不能有效地促进学生普遍发展上的进步，而新教学论体系的宗旨是使教学在这方面取得最大效果。显然这两套体系是截然不同的，甚至在某些层面是相互对立的。

在传统教学体系中学习过程变得过分容易，这也是该教学体系的特点。小学教学大纲中的教学材料十分贫乏，教学方法也不能引起学生创造性的认识活动，教科书中的作业总是千篇一律且

---

① Л. С. 维果茨基：《心理学研究选集》，莫斯科，俄罗斯联邦教育科学院出版社1956年版，第268～269页。

内容浅薄。

实际上应该遵循一条与之相反的原则：**安排高难度的教学**（当然这样做时要严格把握难度的分寸）。只有能为学生紧张的脑力活动提供丰富养料的教学过程才能促进他们快速且高效地发展。

快速教完学习材料这一原则与上述原则有机地联系起来。这样一来每个年级在一个学年中不仅学习了本学年的大纲材料，还学习了现行教学大纲所规定的用于后续年级学习的材料。

我们认为，快速地掌握知识和技巧绝不是最终目的。我们清楚地意识到，如果把在尽可能短的时间里传授尽可能多的知识和技能作为一项特殊的任务提出来，那么很可能在二年级就能学完第四学年的材料。同理，在四年级就能学完七、八年级的材料。但这是一种人为加速知识和技巧传授的做法，这种做法并不能为学生的发展带来实质的好处。

这种过快向学生传授知识和技巧的做法无法避免地会导致一种结果，即不能将注意力集中在学生的发展上，而是集中在找寻那些能在教学过程中将最大限量的知识和技巧传授给学生的教学手段上。

我们的研究证实，掌握知识和技巧的最佳速度是要看这种速度能在多大程度上促进学生在普遍发展上的进步。从这个角度看我们很难同意现行小学教学法的做法，即通过反复单调的训练使学生不断咀嚼已经熟知的材料。这种做法只会导致学生智力的倦怠和精神上的空虚无为，因此也就阻碍了他们的发展。

当前形式的小学教学首先而且主要是为培养学生俄语和算术方面的技巧。理论认识的地位很低，几乎是可有可无。而且即使有，也几乎服务于形成技巧这一任务。

如此对待小学教学是错误的。它缺乏科学事实的根据，只是由于惯性而得以保存。应该大力增加小学教学中认识方面，也就是理论知识的比重。当然，我们也绝不否认培养学生正字法技巧及其他技巧的重要意义。但这些技巧的形成必须建立在充分的普遍发展基础上，建立在尽可能深入理解语言的规律性，数的概念及其运算概念的基础上。

传统小学教学体系对自觉掌握知识和技巧的理解仅局限于让学生理解所学材料的内容。而对自觉性所作的新理解是完全正确的：不仅要了解教材内容，还要对学习过程本身有越来越高的自觉性。所学的知识之间是怎样联系的，需要掌握正字法或运算的哪些方面，错误产生及其克服的机制是怎样的，应当有系统地密切关注所有这些关系到知识和技巧过程的问题并找到一定的解决方法。

这条方针适用于俄语、算术和其他学科的教学，同时在劳动教学中也很有可能实现。例如，劳动教学的主要目的并不在于向学生展示必要的操作方法然后让学生来模仿，而在于让学生对物品制作进行规划，理解必要的操作程序之间的相互关系，提前预知任务完成的进程并在工作中进行认真的自我控制和监督。

在传统教学法中，哪怕现在已实现了区别对待这一要求，但优等生和差等生还是最不得利。差生在发展上没有任何进步，学习日益落后，他们不断填充着留级生和不及格大军的队伍。同样，好生的发展也停滞不前。造成这种情况的根源是没有将促进普遍发展的工作作为一项最为重要的任务提出来，也没有专门从这一任务的角度来仔细思考小学教学法。

为使全体学生，包括成绩最好和最差的学生都能获得发展上的最优进步，应该这样来安排教学，即这一任务的完成要与发现、培养和合理利用每个学生的个人兴趣和能力紧密结合起来。但这样安排绝不意味着我们不重视集体形成和班级集体活动的意义，相反，应当高度关注这些。正是由于每个学生都能为班级生活带来某种自己独特新奇的东西，集体生活才会变得丰富多彩。也只有这样才能在教学过程中有真正的集体活动。

　　要从是否能有效促进学生普遍发展这一角度来看小学教学改革。当然这种改革绝不意味着要否定之前已经形成的全部教学法和教学方式。当然不会！新事物总是以这样或那样的形式来吸收旧事物并从根本上对其进行改造。与传统教学法的观点相比，我们对小学教学的安排提出了本质上截然不同的意见。当然，新的教学体系中有很多首次实行且不同寻常的教学论规则、方法和方式。之前所熟悉的规则、方法和方式现在都已焕发新的生命，而且它们的地位与其在传统体系中的地位相比有着原则上的区别。

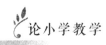
第二章　教育问题

　　针对小学生教育问题的研究十分薄弱。一些讲小学教育工作的著作①都仅局限在一年级范围内而且只涉及对儿童正确言行举止和纪律的培养。阿德丽阿诺娃的作品也是专讲一年级的，但与上述著作不同的是，在她的作品中专门阐述了不同方面的教育工作。在第一章《儿童共产主义教育的任务和途径》中就提到了思想政治教育、道德教育这些重要的问题。②

---

　　① 参阅 Л. А. 维索季娜：《小学生的操行教育》，载 Б. Г. 安纳尼耶夫，А. И. 索诺基娜合编：《小学的教学与教育问题》文集，莫斯科，教育书籍出版社 1960 年版；Л. А. 维索季娜：《小学生言行举止中独立性的培养》，载 А. И. 索诺基娜，К. Т. 戈连季娜合编：《小学教学过程中儿童的教育与发展》文集，莫斯科，俄罗斯联邦教育科学院出版社 1960 年版；Т. К. 卡列奇茨：《论一年级学生纪律教育》，载《俄罗斯联邦教育科学院通报》1957 年第 94 期；А. И. 沃斯克列先斯卡娅：《一年级的工作》，莫斯科：俄罗斯联邦教育科学院出版社 1951 年版；Б. П. 叶西波夫：《七岁儿童的教育教学工作》，载《一年级教育教学工作问题》文集，莫斯科：俄罗斯联邦教育科学院出版社 1949 年版。

　　② 参阅 А. Е. 阿德丽阿诺娃：《一年级的教育工作》，莫斯科：教育书籍出版社 1959 年版。

在这些著作和很多杂志文章中①都介绍了不少教师的宝贵经验，揭示了一年级学生掌握操行规范所固有的一些特点。为改善一年级学生的教育工作，这些著作的作者们提出了很多有价值的建议。

《在少先队中发展学生的主动性》这部集体性著作专门阐述了发展和培养小学生主动性的问题。这种把少先队员的主动性放在其形成和发展过程中来研究的尝试有着非常积极的意义。在辅导员的指导和教师的帮助下，少先队员在共同活动中所累积的经验成为其主动性发展的一个重要条件。②

在由俄罗斯联邦教育科学院教育学理论和历史研究所制定的《学校教育工作师范大纲》中有一章是专门研究小学的。大纲明确了一到四年级学生应当具有的主要素质和学生活动可供借鉴的一些形式。③该文件试图涵盖学校生活，少先队工作的不同方面，对学生在学校、家庭和公共场所的言行举止都提出了各种要求。

该研究所出版的另外一本书对《学校教育工作师范大纲》中所说的各项要求作出了解释，同时还提出了一些教学法方面的

---

① 参阅 B. T. 戈洛夫科：《培养城乡学生间的友谊》，载《初等学校》1960 年第 12 期；H. Я. 波塔片科：《小学的无神论教育》，载《初等学校》1960 年第 8 期；Л. П. . 科兹诺娃：《培养友爱的集体是教师最重要的任务》，载《初等学校》1960 年第 10 期。

② 参阅《在少先队中发展学生的主动性》，莫斯科：俄罗斯联邦教育科学院出版社 1958 年版。

③ 参阅《学校教育工作师范大纲》，莫斯科：俄罗斯联邦教育科学院出版社 1960 年版。

指示。①

在伊·符·斯瓦特科夫斯基编写的《儿童道德教育》一书中提出了很多有价值的建议。② 阅读在小学生的教育中起着十分重要的作用，这点现在已得到普遍承认。应该从共产主义教育任务这一角度来看《国语》课本中的材料。按照编者的构思，阅读课本中的故事和诗歌有助于促进儿童形成对我们社会主义祖国的热爱，同时也有利于他们累积关于苏维埃社会、革命战斗和在伟大卫国战争中保卫祖国等方面的认识和概念。例如，二年级的《国语》课本中有这样一些章节：《伟大的十月社会主义革命》《苏联军队》《五一节》；三年级的《国语》课本中有：《我们祖国的曾经》《我们社会主义祖国的历史》《五年计划》《伟大的卫国战争》《战后建设》；而在四年级的《国语》课本中有：《我们祖国的过去》《苏维埃国家的人民》。

不管是阅读材料的数量还是其特点都不能很好地服务于思想政治教育这一任务的完成和培养共产主义社会新人这一伟大目标的实现。

导致这种情况产生的原因有很多，但最重要的原因可能在于对苏联儿童可能性的估计太低。跟一二年级学生说话就像跟学龄前儿童说话一样，总是认为他们什么都不懂。

用于教师的教学法指示（至少）也很难让人满意。例如，针对二年级阅读课本中《五一节》这个主题的教学法指示规定：

---

① 参阅 В. Г. 娅科夫列娃编：《一至四年级学生的教育工作》，莫斯科：俄罗斯联邦教育科学院出版社 1961 年版。

② 参阅 И. Ф. 斯瓦特科夫斯基：《儿童的道德教育》，莫斯科：俄罗斯联邦教育科学院出版社 1962 年版。

《1905 年的五一节》这个故事要让学生明白，工人是怎样在沙皇制度下举行"五一"集会，组织劳动人民与资本家作斗争。这个故事应要激发儿童的同情，唤醒他们对工人阶级事业的忠诚和对残酷镇压工人的资本家的仇恨之情。

读完故事唱完歌后，学生要将工人过去和现在分别怎样庆祝五一节进行对比。教师要提醒学生，每年我们都会在检阅国内每家工厂，每个集体农庄和学校成果的口号中度过节日。每年世界上千百万劳动人民的心都牵挂着五一节。[①]

不过，这些指示与上述参考书中所提的那些一样，它们也没有给那些真正服务于崇高教育目的的工作指明方向。这些指示常常带有口号的性质。它们是讲给成人而非小学生听的。甚至从来都没有试过从小学生心理的角度出发去读这个故事和围绕这个故事展开对话。

无论是阅读材料本身还是阅读的教学方法，它们都需要进行根本性的变革。其中必须要高度重视学生道德感的形成。仅仅强调认识方面（尽管也很重要）是不会成功的。

※　　※　　※

在研究过程中我们没有专门探讨教育问题。因为我们的注意力都集中在教学上，所以我们不能提出一套小学教育工作的完善

[①] H. H. 谢佩诺娃、Л. A. 卡尔平斯卡娅：《二年级讲读课本（国语）的教学法指示》，莫斯科：教育书籍出版社 1958 年版，第 52～53 页。

体系。

但是，由于教学与教育是彼此紧密联系的，所以在实际中我们规定，小学教育工作的安排最好与小学教学改革的总方向保持一致。根据已积累的经验我们可以谈谈与小学教育工作相关的一些观点。

首先应强调的是，根据传统的小学教学体系，在教育工作中（与在教学工作中一样）教师的注意力一般集中在对能力技巧的训练和操行规范的培养上。教育成就不仅取决于能在多大程度上成功实现对操行准则和规范的培养，还取决于学生们的普遍发展。在普遍发展的过程中道德感和信念的形成，意志力的培养都有着很特殊的地位。

重要的是教育—教学工作的各个方面要沿着同一方向协调一致地起作用。因为对道德素质的培养来说，以下这些绝非是无足轻重的。例如，学生对认识新事物是否有兴趣，他是善于欣赏美好的事物还是对大自然和艺术的美无动于衷？同时，学生道德发展的水平也影响着他们知识获取的进程和其审美品位。

制定有教育学和心理学理论依据的小学生培养体系是一项最为迫切的任务之一。为了能有效完成这一任务，必须从各方面来仔细研究教育的过程，其中当然包括：我们所期待的学生个人品质在现实中是怎么形成的？教师的行为要以科学事实为依据，从中可以发现成为一个有道德的人有哪些规律？

尽管一些个别的教育方针和方法可能是合理的，它们本身也的确能带来某种成效，但当它们形成一个严密的体系时这种成效会大得多。需要时刻注意的是，形式主义及陈规旧套与真正的教育是不能并存的。

根据具体情况的特点来灵活改变教育方法和方式——这是教育能成功的最重要的条件之一。

为达到教育学生的预期效果，应该让学生了解道德规范，组织一些内容丰富且种类繁多的学生活动，对道德品行进行实践。这些当然都是必要的，但关键还要保证这样一个基础，有了它的存在上述要求就能带来很好的效果。简单地说这种基础就是：应该培养一种对人，对劳动，对文化真正人道的共产主义态度。

学校教育和社会发展是紧密相连的，这点在马卡连柯的理论阐述和实践中都已得到充分体现。关键是必须找到这种联系的某些形式，它们不仅不会限制学生，还能符合他们个性的有机发展。

积极关心国家和人民的生活，热情对待他们的英雄事迹，感受这些丰功伟绩并对其作出反应，这些是多么的重要啊！但是也要防止死板地向孩子提出并实施"某些措施"，但可惜的是，这种做法在实践中会经常碰到。

教师们总是竭力想使一切都很顺利，没有波折。但由于小学生是按自己的方式，而不像成人那样来理解和体验社会生活中的事，所以他们很难按教师所期待的那样去做。当成人提出一些现成的公式时，儿童只能去背熟并复述它。或者有时教师也会讲讲，应该怎样采取这样或那样的措施，但儿童往往只是充当执行者的角色，他们只能领会这些措施中的极个别部分。

当然，这样的培养工作也会收到一些效果，但却没有打动学生的心，仅依靠死记硬背而记熟的词和那些根据教师指示而做的事都很难促进他们个性的深远发展，但只有这种发展才是他们值得保留一生的真正财富。

请看发生在我们实验班的一件事。

三年级女生娜塔莎在《少先队真理报》上读到一篇叫作《扳道工的英雄事迹》的报道。报道讲述了扳道工安德烈耶夫是如何将一名妇女从铁路上推开从而挽救了她的生命，而自己却丧生于车轮之下这一舍己为人的英雄壮举。读完报道后娜塔莎主动写了一篇简短的读后感来表达自己的思想感情。

真正的人

我曾经很多次听过关于真正的人的故事。但当我听到这四位英雄的光辉事迹时我第一次热切地希望能和他们一起去漂流，希望能像他们一样克服饥饿和恐惧。我知道许多真正的人，例如，《扳道工的英雄事迹》这篇报道中的主人公安德烈耶夫。

娜塔莎将报道从报纸上剪下并贴在读后感旁边。

这件事表明，儿童对国家和人民的日常生活并非是漠不关心的。没有谁让娜塔莎去注意这篇报道并且以一定方式对其作出反应。娜塔莎可能也不是按教师所期待的那样去做这件事，关键就在于这个小女孩是受自身情感驱动将报道剪下并写了读后感。

学校广泛推行的一些创造性活动，就其展开情况看，有着各种不同的指导思想。我们以为庆祝革命节日而制作图片集这个活动为例。

安排这类工作时很少让学生独立去开展活动。教师担心，学生独立所写的概要不合适，他们写的不是所需的标题，所选的也不是需要的图片。总的来说，教师们关心的是结果（图片会剪成什么样子）而不是工作的过程。

我们从与之相反的观点出发，将主要教学精力集中在让学生将自己的思想和感情灌注到合集制作过程中。如果最开始做的没有教师期待的那么好也不意味着失败。这有一定的阶段，需要有耐心且让学生去经历它们。

我们摘引一段实验班（三年级）制作庆祝五一图片合集时的观察日记。①

尼　娜：娜杰日达·瓦西里耶夫娜，您觉得这个合集叫什么
　　　　名字好呢?《五一》怎么样?

娜塔莎：不好! 叫《五一万岁!》吧!

热尼亚：五一是劳动人民大团结的日子。

娜塔莎：我们来投票决定吧!

　　　大家进行投票。大多数人同意娜塔莎的提议，于是这个
提议被通过了。

日尼亚：这可能就是我。

尼　娜：我们已经有这样一种氛围，好像现在就是五一了。

萨　莎：我在这写:《五月的春天正在到来》。

萨　莎：我写《快瞧——春天正在到来》好吗?

瓦洛佳：我们将写:《全世界儿童喜迎五一》。

尼　娜：我们在这画开花的苹果枝然后上色。

　　　尼娜在画树枝，萨莎试着给它涂上颜色。

伊拉和加利亚：哎呀，他都给弄坏了! （的确，萨莎把很多

----

① 总共有 8 页记录。

花都涂上了红色。)

许多学生在坐着写图片集的简要说明，每个人都写出自己想说的话。

维　佳：（站在离图片稍远的地方欣赏）我们做的多美啊！

大家建议科利亚先回家（因为他住的远）。但科利亚拒绝了，说很想看看最后结果怎么样，他把所有图片都钉在墙上的木条上。

图片集做好了。

塔尼亚：这是最神圣的时刻啦！

孩子们小心翼翼地把图片捧在手上，拿到指定的地方。大家和女教师一起唱着庄严的进行曲。大伙把图片贴起来，大声呼叫着："呜拉！呜拉！呜拉！"所有人都很开心。日尼亚和热尼亚彼此抱着跳起舞来，科利亚也加入了他们。

孩子们清扫地板上的碎纸屑，收拾老师的讲台，将课桌擦干净，准备好第二天上午庆祝表演会所需的一切。大家站在门口，环顾了下教室，然后非常满意地走了。

儿童集体中最让人感动的品质莫过于友谊和同学情。但这些品质的表现又是那么的多面，因此会产生很多棘手的问题，欢乐与伤心总是交织在一起。这就是生活本来的样子啊！

以下是发生在课间休息时的一段谈话（三年级学年初）。

维　佳：娜杰日达·瓦西里耶夫娜，我觉得小旗子应该插在
　　　　表现最好的十月儿童的课桌上，而不应该插在表现
　　　　最好的小队课桌上。

女教师：对的，维佳！我们马上就把小旗子插到列娜的课
　　　　桌上。

娜塔莎：我可以发言吗？

女教师：说吧！

娜塔莎：如果日尼亚表现不好，而我们有责任对他进行再教
　　　　育，那么就不应该向您告密和抱怨，而是应该自己
　　　　来和他谈一谈。我们应该自己来完成这一任务。如
　　　　果我们做不到，等到那时再告诉您。

女教师：对，娜塔莎说的对！

　　　　在一次班会（三年级学年初）中选举班长，讨论候选人
娜塔莎。

尼　　娜：我认为，娜塔莎做班长是当之无愧的，她能管住
　　　　男生。

维　　佳：但她经常不说实话，这是一种很不好的品质。

安德柳莎：这是很久以前的事了！

瓦利亚：她总是一本正经。

安德柳莎：她也有笑。

女教师：有时可能会笑一笑，但总体上说她比较严肃。

维　　佳：我常去她家，她不听话（娜塔莎一直转身面对着谈
　　　　论她的人）。她插话说道："好啦，我就是不听话！"

　　　　接下来讨论候选人奥克萨娜。

鲍里亚·尼克：我觉得她能做一个好班长。

女教师：为什么？

鲍里亚·尼克：她以前就是十月儿童小组的组长。她之前让

3个学习不好的人认真学习。

女教师：这种品质非常好！

鲍里亚·尼克：包括以前我字写得不好看时，她总帮助我。

维　佳：她只帮助自己小组的人。

鲍里亚·尼克：（生气地）为什么奥克萨娜要帮助所有人？

女教师：将十月儿童的一个小组托付给她，她也就只需帮助
　　　　这个小组的人。

伊戈里：她要求得太过分了！（全班笑）

亚罗斯拉夫：我跟安德烈最了解她的性格。你们就在那坐着
　　　　什么都不做却还要求别人。她就不是这样！（说着
　　　　笑了起来，奥克萨娜也笑了）

女教师：根据你们说的，接着自己也笑了起来，也就是说，
　　　　大家都不埋怨奥克萨娜了！

　　就这样孩子们逐渐形成了很多重要的道德品质。乍一看可能觉得，候选人的讨论有些杂乱、"无章法"，但这里最宝贵的东西是：孩子们说话诚恳和直率。他们考虑的是自己同学的品质，大家都在很认真地思考。他们并不想尽快草草结束这枯燥无聊的班长选举程序。可惜这种事常发生。

　　当着全班同学的面讲其他同学的缺点，尤其还是朋友的缺点是一件很困难的事。更不容易的是将它看作理所当然应该做的事。当然也有一些不愉快的事发生，但直率和诚恳最终会取得胜利，当然这种胜利的条件是：孩子们在集体中以共同生活的利益为基础紧密团结起来。

　　如果儿童集体的指导教师能摆脱形式主义，那么在儿童学习

和校内外生活方面就可以提出一些与道德相关的问题。不要用老掉牙的方法，而应该像考虑生活中各种各样有时甚至相当复杂的事那样去解决这些问题。培养儿童真正诚实和诚挚的品质应该与教育他们具有正确待人和与人相处的思想感情紧密结合起来。

我们以阅读奥谢耶娃《神奇的话语》这个故事（三年级《国语》课本）为例。讲完故事后《国语》课本的编者提出以下几个问题：

1. 帕夫利克在街心公园时是怎样表现的？

2. 他跟老者抱怨什么？

3. 老人向帕夫利克提出了什么建议？

4. 为什么姐姐、哥哥和奶奶都对帕夫利克的态度发生了变化？

这些问题都将儿童的注意力集中在故事情节上，而没有激发他们去思考故事的内容。显然，顺便提一下，这种做法使故事失去了深度，它只是让儿童去遵守有礼貌这个表面要求。

如果忽略附在课文后面的那些问题（我们就是这样做的），让儿童思考一下读过的东西，那么他们会提出一些切实重要的问题并发表自己的个人见解。

我们来摘引一段实验班的课堂记录。

读了上述奥谢耶娃的故事后班级展开了一次谈话。

女教师：哪些话可以说是"有魔力的"？

列　娜："谢谢""请"（学生们还列举其他一些话语）。

女教师：为什么说它们是"有魔力的"呢？

萨　莎：如果一个人经常讲这些话，这意味着他是个讲礼貌的人。

女教师：这样就可以了吗？这样的人就能被称为真正有礼貌的人了吗？

米　佳：如果老人需要别人帮助他上台阶，难道只要有礼貌地说声"您好！"而不用去帮忙吗？这只是口头上在讲礼貌，实际上当然应该去帮忙！

伊　拉：应该给老人让座。

女教师：应该做一个真正有礼貌的人，而不要只在老师和同学面前装装样子。我们班就有这样一些人，在班里很有礼貌，在家时却很无礼粗鲁。

萨　莎：还有一些人总是对别人奴颜婢膝，这不是讲礼貌，这是溜须拍马。

安德柳莎：如果有个老人走进房间，需要给他端把椅子吗？

女教师：需要，这非常好！

列　娜：应该帮助一切弱者。

女教师：有些行为是装的。例如，有些人给老人端了把椅子，他很在意别人是否称赞他。但也有一些行为，人们在做的时候想的不是自己而只有别人。这才是真正高尚的行为（班上有些学生总在默默地做好事，女教师不点名地指出了他一些美好的行为。学生都在屏息凝神地听着，之后有几位学生举手想要发言。）

尤　拉：如果一个人没有一直做好事，有时只是因为他力所不能及，这并不意味着这是个坏人。例如，外科医生在做手术，他不能为端把椅子而离开，因为他现在很忙。这点需要指出来。

女教师：现在下课。回家后同学们都好好想想，到底什么样
的人可以叫作好人。以后我们还会讨论这一点。

※　　※　　※

美学教育应该能使小学生越来越深刻地了解艺术作品的内
容，了解它们的结构、体裁和表现手法，最重要的是还要培养学
生形成高雅的艺术品位。

现行的小学教学法在某种程度上注意到了这些任务。但是根
据教学大纲的规定，教师仅训练学生声乐和绘画方面的技巧。例
如，在绘画教学大纲中有一节叫作《插图展示和图画复制》，但
教师们并没有收到指示来开展这项工作。教学大纲的解释性说明
中提到："教学前几章谈话的重心要放在培养儿童解释作品情节，
确定其重点和要点的能力上。与此同时，教师的注意力要集中在
发展学生有感情地理解艺术作品的能力上。"① 这里所说的任务
当然应该完成，但不要仅局限在此。此外，在小学所要了解的作
品内容可能比大纲制定者所规定的要更深刻得多。如果像教学大
纲解释性说明中所指的那样，在三、四年级上课期间展示 3～5
幅画，那么除了泛泛了解每幅画的情节外学生将别无所获。

---

① 参阅《八年制学校教学大纲（小学）》，莫斯科：教育书籍出版社
1961 年版。

这里可以发现，在俄语、算术和其他学科的教学安排中体现了对小学生可能性估计不足的情况。

我们的经验表明，随着学生普遍发展和对造型艺术认识的逐步提高，他们完全可以越来越细致地了解作品的内容。学生在三年级就能取得这方面的显著成效。这点在我们以后引用的例子，即学生在第三学年初独立研究别洛夫《渔夫》这幅画后写的作文中得到了证明。

在小学阶段，尽管理解和有感情地体会图画内容是非常困难的，但仍然有可能且有必要对画家所使用的表现手法有所理解。在一至二年级应该以最基础的形式开展这项工作。我们的经验表明，在第三学年初儿童能够根据教师的提问来发现表现手法中的一些重要元素。例如，在我们实验班三年级上半学期，学生们在讲述别洛夫《捕鸟者》这幅画的内容后，女教师展开了一次谈话。

女教师：现在让我们来看一看，画家使用了哪些手法来描绘大自然和人？哪些颜色使用得比较多？

奥克萨娜：深色。

女教师：更准确地说呢？

伊　拉：深褐色。

女教师：整幅画都是这种色调吗？

列　娜：这里还有一些红色和白色。

女教师：这里是红色吗？

维　佳：这里是深褐色。

女教师：这是一些不鲜明的色调。如果这里有亮红色的斑点，那么它就过分突出了。

塔尼娅：列娜说有"白色"。如果这里有纯白色，那可能会很扎眼。

其中，下面这件事可以表明，小学阶段在上述所指方面还可以做很多事。在我们实验班教学后期学生欣赏了列宾《纤夫》这幅画。因为此前学生在普遍发展上已达到相当高的水平并且有了很多认识造型艺术作品的经历，所以只要教师稍加点拨和指导，大部分人都能讲出自己的独立见解。儿童对这幅画作了大量评论（用了整整一节课），教师大声朗读了斯塔索夫对列宾这幅画的评论文章。学生们兴致勃勃地说，斯塔索夫是如此正确地评论了《纤夫》这幅画，并且他们还高兴地指出自己的一系列见解和斯塔索夫的阐述是一致的。

我们并不打算多么详尽地研究美育问题，我们指出一些重要的问题只是为了阐明我们的基本思想，即应该引导小学生进入造型艺术和音乐的世界。

应该让孩子尽可能多方面地深刻认识和感受艺术作品，使他们产生想要接触艺术世界的需求。

根据我们小学教学的总思想，我们赋予了上述任务特殊的意义。但这绝不是要降低技巧形成的作用。两者不是互相矛盾的。相反，如果真的能将学生引入艺术领域，这将在很大程度上促进相应技巧的获得，使得技巧形成的过程变得简单明了。

绘画和音乐教学本身也应当引进更多的知识，而不要把这些知识拖到后面的年级去介绍。为了阐明我们的思想，我们来讲讲音乐教学方面一些问题。

根据现行的教学大纲，音乐常识的学习进度是很慢的。学生们只是机械地获得技巧而不能理解它们。我们实验班的工作经验①表明，完全可以按相对更快的速度来开展教学。例如，在一年级学完二年级大纲规定的部分内容：填谱的基本原理，音列基础上的全音和半音概念，口头和书面听写。同样，在二年级能学会三年级大纲的部分内容。② 这样做非常重要，因为了解填谱知识，进行听写训练才能使学生有可能自觉地掌握声乐技巧。那样的话唱歌教学的过程，除教唱歌本身外，还能有利于将学生引入音乐艺术领域。

如果能在了解空间和色彩表现某些规律性的基础上安排绘画教学，那么这种教学对理解和有感情地体会造型艺术作品就有着很现实和迫切的意义。

上述所说的一切绝不是要降低小学生掌握唱歌和绘画方面技巧的重要性，问题在于应该怎样安排这方面的工作，使得它能服务于学生的普遍发展，促进他们利用艺术手段来认识世界。

应该利用绘画和唱歌教学中的一切可能性来促进学生的普遍发展。同时应当注意形成一些个性特色，它们直接关系到绘画和唱歌方面技巧的掌握。我们指的是，在唱歌教学过程中培养音乐

---

① 这项工作在 K. C. 格力辛科、T. Л. 别尔可曼（俄罗斯联邦教育科学院艺术教育研究所）的指导下进行。

② T. Л. 别尔可曼、K. C. 格力辛科：《学生音乐才能在唱歌过程中的发展》，莫斯科：俄罗斯联邦教育科学院出版社 1961 年版。

听力知识，在绘画教学中形成空间表象和光线方面的评价能力。[①]

说到体育教学，除了应该以更快速度完成教学大纲对该领域所规定的教学、教育工作外，还要高度重视学生的户外练习和灵活游戏的作用。小学教学大纲对这方面的指示是正确的，但在现行的小学教学体系下，实际上并没有足够的时间能让学生待在户外。

我们所提出的小学教学体系更有可能做到这一点。因为从一年级开始我们就建议多参观，开设实际操作课，这样学生留在户外的时间就会极大地增加。因此，与所有学生在教学时间都留在室内的现状相比，这是种激烈的变革。除此之外，我们建议教师在课外时间尽可能地能和孩子们一起散散步，这不仅能保持健康，促进教师和孩子关系的亲近，促进学生集体的紧密团结，还能补充孩子关于周围世界的知识。

无论是在体育课堂还是课外都要高度重视户外游戏的重要作用。

促进学生体能的发展是学校最重要的任务之一，必须要利用我们所建议的小学教学体系的一切可能性。

---

① 参阅 Б. М. 捷普洛夫：《音乐能力的心理学》，莫斯科，俄罗斯联邦教育科学院出版社 1950 年版；В. И. 基列延科：《绘画基本能力的研究》，载 Е. И. 伊格纳季耶夫编：《素描和写生的心理学》文集，莫斯科，俄罗斯联邦教育科学院出版社 1954 年版；О. Н、加尔基娜：《小学儿童空间表象的发展》，莫斯科：俄罗斯联邦教育科学院出版社 1961 年版。

※　　※　　※

应该强调指出，必须在班里形成师生间应有的相互关系，形成对学校和学习正确的态度，保障并满足学生的精神需求。只有这样我们上述所提的教育途径才能达到预期效果。

克鲁普斯卡娅对师生关系特点的精辟阐述有着十分重要的原则意义和高瞻远瞩。它认为，《儿童时代》一书的作者埃尔连·凯的观点，即至少在 12 岁前家庭教育应该取代学校教育是无根据的。她说："劳动学校会给整个学校结构带来变革，也会给家庭带来帮助。充满自由的劳动学校使师生之间亲近起来，以亲密无间的关系代替学校一本正经的官方关系。在这里儿童的个性得到解放，创造力得到焕发，儿童逐渐摆脱极端让人压抑的爱的束缚，摆脱学校死气沉沉的条条框框的约束……只是这样的学校暂时还是我梦想中的学校。"[①]

教育和教学的安排应当使师生及孩子之间形成真正的友谊关系并使它不断得到巩固与加强。

从学校教学的最初阶段起，在工作中应该把认识周围世界的需求，不懈获取知识的渴望，因为解决越来越多复杂的智力和劳动任务而产生的愉悦感作为学习的主要动力。在与这个动力的有机联系中逐步形成对祖国履行义务的动力。在现行小学教学体系

① И. К. 克鲁普斯卡娅：《家庭与学校》，载《教育文集》（第 1 卷），莫斯科：俄罗斯联邦教育科学院出版社 1959 年版，第 218 页。

条件下应该将学校的分数，从作为学习重要的刺激因素转变为考核是否已经掌握知识和技巧的某种手段。

这并非天方夜谭，它在我们的实验班已经得到实现。我们坚信，在未来学校的分数将完全失去意义，它们将变成多余的东西，因为整个学校生活的体制将成为新的学习动力强大的源泉。

关键要在课堂上进行活跃的认识过程。当然，无论如何也不要把知识的获取塞进臭名远扬的"综合"课模式（检查家庭作业，传授新知识，巩固复习等）的框架内。有条不紊的讲课结构应当由教材的内在逻辑和儿童思维的前进性运动来决定，而不应该由外部强加的模式来确定。

当学生想要分享他们现有的对周围世界的认识时——对大自然，对人及其劳动和生活，对技术——不应该打断他们。当学生可以为班级活动做出自己的贡献时，这会丰富课堂内容并形成一种真正集体活动的氛围。认识过程不能仅满足于听教师讲。当学生发现自己不理解教材时，当他们注意到一些相互矛盾的现象时，这样才能真正掌握知识。这时儿童的大脑中就会产生问题，他们就会去寻找答案，就会跟教师一起合力去寻找答案。

学校不仅要满足儿童已有的求知需求，还要培养他们的精神需求，要使得这些需求在学校、在班级和在学校集体中得到相当大程度的满足。当然，我们并不是说学生参加《少先队员之家》以及其他儿童机构所组织的活动没有意义，这是他们联系生活的途径之一。但参加自己学校儿童集体的课外活动是非常重要的。它能使师生间的关系更加亲密。应当创造更多的有利条件来使学校成为学生第二个亲爱的家园，使他们对学校产生热爱和留恋。

在我们实验教学的实践中，从一年级就成立了各种小组：技

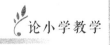

术小组、绘画和塑造小组、刺绣小组和音乐小组。之后还增加了少年自然科学小组、话剧小组和历史小组。这些小组经常组织野外游览，参观历史古迹和博物馆等户外活动。

学生们一起散步，大家集体步行去剧院、电影院。在庆祝班上某位同学的生日时，大家一起做游戏，进行有趣的谈话。

这样一来，班级生活就显得生机勃勃和丰富多彩。这样的教学效果是枯燥乏味的训练和令人厌烦的老生常谈所不能达到的。

第三章　俄语（阅读和言语发展）

第一节　识字教学问题

根据识字教学法的要求，必须有一个"识字前的"或"准备的"时期。在 C. П. 列道祖波夫编写的《小学俄语教学法》中写道："在识字教学初期必须用 12～15 天的时间使儿童做好识字前的准备工作。这段时间需要做的是：第一，发展学生言语；第二，把言语分解为单词，单词分解为音节，音节分解为不同音，把各种音组成音节和单词；第三，练习构成字母的各种笔画。识字教学前的准备阶段在苏联学校被赋予了特殊意义，因为这个时期要发展学生的辨音力（在日常用语中听出各种音的能力），而这决定了下一步识字教学的效果如何。"①

---

① C. П. 列道祖波夫：《小学俄语教学法》，莫斯科：教育书籍出版社 1955 年版，第 38～39 页。

在 H. П. 卡诺纳金，H. A. 谢尔巴科娃①编写的其他教学法参考书中基本上也有类似说法。

乍一看，可能认为这种说法是合理的，准备阶段所提及的那些任务确实是有根据的。但是不要对这种说法信以为真，而要深入思考一下，怎样才能完成这些任务。

要知道辨音力是在儿童识字过程中真正发展起来的。这种发展是成功掌握识字所必需的。识字时儿童会经常接触用来做语音划分、对比和区分，在单词中辨认出指定语音等内容的练习材料。

当然，如果在识字前借助专门的练习系统来长期训练辨音力的发展，这肯定会促进识字教学的进行。其中 T. Г. 叶戈罗夫②就是用这种方法来创造他所说的有利条件。但不应忽略的是，在叶戈罗夫所领导的研究中将两种教学效果作了对比，一种是有短期准备阶段（10～12 天）的普通教学，期间采用的是未经改进的教学法；另一种是在为期四周的时间内，为专门发展辨音力而采用特殊练习体系的教学。

但是关于采用一些可促进识字任务完成的教学方式和在识字过程中发展辨音力的工作在上述研究中并没有被提及。在我们的实验教学中开展了这方面的工作，而且在学生的发展和他们阅读技巧的掌握上都取得了显著效果。

上述内容可以证明，在大约两周时间内并且在与阅读教学相

---

① 参阅 H. П. 卡诺纳金、H. A. 谢尔巴科娃：《小学俄语教学法》，莫斯科：教育书籍出版社 1950 年版。

② 参阅 T. Г. 叶戈罗夫：《掌握阅读技巧的心理学》，莫斯科，俄罗斯联邦教育科学院出版社 1953 年版。

脱离的情况下，辨音力的发展是不可能取得明显进步的。

这里来谈谈言语发展是非常有必要的。要知道，言语发展的任务是在整个小学教学期间内，甚至不仅仅是小学阶段，还要在之后一些年级中才能完成。因此为期两周的准备阶段对实现这一巨大而复杂的任务能有什么作用呢？

"句子""单词""音节""语音"这些概念当然要在识字教学过程中才能最有效地形成。[①] 之所以说这里有这些概念形成的最有利条件，是因为在阅读过程中经常要用到这些单词和句子，还要经常划分音节、语音和字母。与此同时，在识字阶段学生所掌握的概念要比准备阶段所掌握的要多得多。

因此规定在识字教学前必须有一个识字前阶段是不合理的。这样只会浪费大量的教学时间而且没有丝毫好处。

应当立即从字母学习着手。头几天先来了解本班学生入学时已掌握了哪些阅读和书写方面的技巧是非常重要的。实践表明，除极少数儿童外，大部分人在入学前已在不同程度上熟悉认字了。应该利用他们已知的知识，这样不仅能节省教学时间，还能避免由于强迫学生学习已知的东西而使他们感到厌烦。

在现行的识字教学法中，"识字前的阶段"和过慢的识字教学速度会削弱甚至磨灭儿童来学校学习的兴趣。观察证明，儿童都迫切地盼望去上学的那一刻。[②] 但头几天的学校生活就打破了他们的希望。不教他们识字，上课的内容早已学过：讲故事，让

---

① Т. Г. 叶戈罗夫在《掌握阅读技巧的心理学》一书中也提到，在准备阶段研究这四个概念是不合适的。

② 参阅 М. Н. 沃洛基季娜：《小学生心理学概论》，莫斯科：俄罗斯联邦教育科学院出版社 1955 年版。

他们画画，给小方块和小圆圈画线或涂上颜色。因此儿童经常会问："我们什么时候开始学习啊？"

没有任何教育学观点能证明缓慢的识字教学速度是正确的。速度慢的根源部分是由于教学法的传统，但最主要还是因为对当今苏联儿童的可能性估计不足。我们的经验表明，用前半个学期来学习识字课本就绰绰有余了。在成绩很差的班级中，这项工作有时会延迟到后半学期的初期。但无论如何也不用一学期那么长。

关键是上述阶段的工作性质问题。根据现行的教学法，在识字之后的第二学期学习某些正字法规则，到二年级才开始接触一些语法问题，例如，"清辅音和浊辅音"，重音，区别重读元音和非重读元音。

将基本的语法知识从识字阶段去掉，这种做法使得这个阶段的教学内容变得十分贫乏，仅局限在阅读技巧的掌握上。没有利用阅读实践来让儿童了解在阅读技巧掌握过程中经常会遇到的语言现象。

换种方式来教会更好，我们的经验已证明了这一点。在识字阶段应紧密联系识字课本中的语言材料使儿童了解一些语法知识。这能促进儿童语言的发展，使他们更自觉地掌握阅读技巧，学习更多的语法知识。

我们来列举一些事实。在识字课本①第 15 页儿童读到了带大写字母的单词 Маша，今后在整本书的学习期间还会接触到大

---

① **И. Ф.** 斯瓦德科夫斯基编：《识字课本》，莫斯科，教育书籍出版社 1962 年版。

量儿童的名字和很多动物名称。但是并不告诉学生人名和动物名首字母要大写这项书写规则，而直到第二学期学习俄语教科书中一些书写规则时儿童才了解它。这是种非正常的人为现象。除此之外，这样的安排还阻碍了学生的发展，使他们养成机械学习，不加思考的坏习惯。

我们不是这样做的。当儿童第一次接触到带大写字母的名字时就将相关规则告诉学生。之后这项规则的使用范围会扩大：首字母要大写的不仅是名字，还有父称和姓。这项规则同样适用于动物名以及城市、乡村和河流的名称。我们不仅使用识字课本中的材料，还会从儿童的经验，从他们的话语中提取材料。识字阶段结束时学生也就了解并且在一定程度上掌握了这项规则。

另外一个事实。在识字课本第 27 页提到这样一些单词：нора（洞穴），норы（нора 的复数），оса（黄蜂），осы（оса 的复数）。对于单词 нора 中第一个音节的发音与 норы 中第一个音节的发音不一样这点我们并没有避而不谈，反而是利用这个例子向学生们解释一个词的发音与其书写经常不一样。这时立即给学生讲"重音"的概念。他们会发现，нора 这个词的第一个音节不带重音，而 норы 这个词第一个音节带重音。这样儿童也就知道了一种方法，借助它可以了解应如何正确地书写词根中有非重读元音的单词。

这是至关重要的，因为对掌握阅读技巧来说，在识字阶段忽略单词的发音和书写的不同会造成很多额外的困难。更何况这点在以后还是要教给学生的。

事实上，比方说，当学生按单词 ловили 所写的那样去读，那么在他的意识中就不会将此时所读的单词与之前经验中所熟的那个词联系起来。因为他把单词 ловили 当作之前听过和说过的那个词（即 лавили）。这会增加克服音节式读法（从分音节阅读技巧阶段过渡到形成整体读法的阶段——Т. Г. 叶戈罗夫的术语）的困难。

单个读出来的几个音节不能组成很熟悉的单词（最后得到的不是儿童已知的单词 лавили，而是他们感到很陌生的单词 ловили）。在叶戈罗夫所领导的研究中①，理解，即产生相应联想在掌握识字时的作用已经得到实践材料的充分证明。至于因为所谓的"推测阅读"或"猜测阅读"而产生大量错误的危险性是可以避免的。在出现类似错误时应该让孩子分析这个单词并向他们揭示错误产生的根源。

在教儿童阅读时应当遵循分析和综合之间正确的相互关系，而且要持续关注每个学生技巧的形成。还应当采用一些合理的方式，而它们在识字教学参考书和一些研究著作②中都能找到。

第二节　言语发展

言语发展工作首先应该指口语的发展，因为口语是人与人之间交流的主要方式。它决定了言语发展工作的地位和意义。不仅

---

① 参阅 Т. Г. 叶戈罗夫：《掌握阅读技巧的心理学》，莫斯科：俄罗斯联邦教育科学院出版社 1953 年版。

② 参阅 Б. Г. 安纳尼耶夫、А. И. 索罗基娜合编：《儿童的初期教学和教育（一年级）》，莫斯科：俄罗斯联邦教育科学院出版社 1958 年版；С. П. 列道祖波夫：《识字教学》，莫斯科：教育书籍出版社 1955 年版；Н. П. 卡诺纳金、Н. А. 谢尔巴科娃：《小学俄语教学法》，莫斯科：教育书籍出版社 1950 年版。

要在直接提出这个任务时，而且在参观，进行直观教学，上讲读课，甚至某种程度上说，在上其他课时教师都要努力发展学生的言语。

应当指出口语和书面语的各自特点，同时也要注意这两者的共同点。不要一再强调内部言语的存在，也不要反复论述言语与思维，言语和理解之间复杂的相互关系。

乌申斯基还指出了掌握国语和直观教学间的有机联系。指出了用现实的正确表象来丰富儿童智力的必要性[①]。现在一些关于小学教学问题的研究中都非常关注言语发展工作和丰富儿童具体认知之间的联系[②]。

我们认为这些想法是正确的，同时也赞同，教师培养学生观察力的工作对于学生的普遍发展和他们顺利掌握语言的意义十分重大。只有这样学生才能形成对周围事物内涵丰富，精准和可分解的认识。同时，发展观察力本身也极其重要，因为这是学生独立认识周围现实和在实际生活中运用所积累科学知识的重要条件。

如果学生不是肤浅且粗略地观察物体，而是仔细地去研究它，那么这对发展学生言语，提高言语准确性并使其内涵丰富的作用十分重大。

思维和言语的相互关系在俄语教学法中也有简要的说明："我们发展儿童的思维，自然而然也就影响了他们的言语，而我

① 参阅 К. Д. 乌申斯基：《论俄语的初期讲授》，载《乌申斯基全集》第 5 卷，莫斯科：俄罗斯联邦教育科学院出版社 1949 年版。

② 参阅 Б. Г. 安纳尼耶夫、А. Н. 索罗基娜合编：《儿童的初期教学和教育（一年级）》，莫斯科：俄罗斯联邦教育科学院出版社 1958 年版。

们发展儿童的言语，毫无疑问也就促进了他们思维的发展。"①这里并没有提及思维和言语之间复杂的相互关系。因此在论述教学法具体问题时缺乏提高教学效果的针对性、多面性和方式方法的多样性是完全可以理解的。

举例来说，在讲词汇工作时教学法仅指出了以下丰富词汇的方法和词汇工作的类型：按事物固有的特征将其分类，给指定词选择反义词等。② 但是这里没有充分考虑到，概念的形成需要经历很多阶段。如果认为词义总是停滞不变，不会经历质的变化，那么就不能有针对、有逻辑地来从事发展学生思维的工作。

维果茨基通过实验揭示了儿童概念形成的各个阶段。他论据充分地将词的实物属性和词义区分开。维果茨基写道："儿童用词和成人用词在实物属性上是一致的，即这些词指的都是相同事物，属于同一现象。但这些词在意义上并不是重合的。"③

例如，不管是一年级学生还是成人都认为"树"这个词是指桦树、槭树、杨树，而非指乌鸦、寒鸦、喜鹊等（尽管大人与小孩在思维发展水平上有很大差别，但正是由于他们所用的词在实物属性上是一致的这点决定了他们可以相互理解）。但是，"树"这个词在一个受过教育的大人和在小孩那是有本质差别的。对小

① С. П. 列道祖波夫：《小学俄语教学法》，莫斯科：教育书籍出版社 1955 年版，第 310 页。在俄语教学法的其他参考书里（А. А. 库齐米娜、А. В. 克麦诺娃合著的，Ю. И. 兹沃琳斯卡娅和其他人合著的），对思维和言语发展的相互关系问题要么完全不提，要么不作实质性的研究。

② 参阅 С. П. 列道祖波夫：《小学俄语教学法》，莫斯科：教育书籍出版社 1955 年版，第 325 页。

③ Л. С. 维果茨基：《思维和语言》，载《心理学研究选集》，莫斯科：俄罗斯联邦教育科学院出版社 1956 年版，第 191 页。

学生来说，"树"是某一组事物的名称，它们以其某些外部特征区别于其他客体。而在大人的意识中，"树"这个词以概括的形式直观再现了该类植物所固有的，包括这些植物的生命、生长规律在内的本质特征。

甚至在一年级教学期间内，儿童意识中词的含义也会发生本质的变化。当然，这种变化是在教师依据概念形成相关规律来开展工作的条件下发生的。

要想在学生思维形成上取得巨大进步，那就不能简单地理解言语和思维之间的关系。绝非任何言语工作都能促进学生发展上的巨大进步。如果对学生在理解词义上是否有进步，对他们在积极言语活动中是否使用了这些词义等不是很关心，那么词汇工作在促进思维发展上就很难取得预期的效果。可以完全按教学法专家们所推荐的那样来进行几类工作：将表物词添加到表动作的词上（也就是往动词上补充名词），将物体进行比较和分类等。但如果在学生的意识中词的含义是停滞不动的或者说词义变化很缓慢且不明显，那么所有这一切都很难深刻影响学生的发展。

思维和词汇是一个统一体，但他们并不是等价物。两者处于复杂多变，有时甚至是对立的关系中。

※　　※　　※

为使言语发展的工作收到应有效果，关键要弄清口语和书面语的特点。

另外不应忽略的是，学校教学中提到了口语和书面语的不同形式，例如，当孩子用口语或书面语讲述他们的所见所闻及所经历的事时，他们叙述的内容或词语的表达是从自身出发的。但当学生根据所读课文回答问题时，情况又不一样了。这时所读的课文和提出的问题已经提前决定了学生回答的内容和结构。因此，非常有必要找出发展学生言语的一些工作途径和方法，使它们符合不同言语类型的特点且适用于不同情况下提出的具体教学任务。

上述原理能有效地帮助区分口语和书面语。认为可以用发展书面语的方式来发展口语的观点是错误的。因为教学参考书所建议的发展言语的工作体系和这一工作的一些类型和方式首先并且主要是针对书面语的。但这并不妨碍有些教师将这些作为发展整个言语，也就是发展口语的方法。[1]

将发展言语的工作简化为发展书面语，扎科茹尔尼科娃正确指出了这一做法的错误性。她认为："口头的练习应该旨在发展口语，而这点往往被学校忽略了。通常会把学生的口头作业仅看作是为书写做准备。"[2]

为高水平且有效地推进发展学生言语的工作，关键要从这一观点中得出相关结论，即人的话语的产生有一定诱因。人们称言语活动的这一方面为言语动机。维果茨基写道："言语动机的产生总是出现在讲出句子和进行谈话之前——即我为什么要讲

---

① С. П. 列道祖波夫推荐的《发展学生的口头言语和书面言语的教学法》，载《小学俄语教学法》，莫斯科：教育书籍出版社 1955 年版，第 305～357 页。

② А. И. 沃斯克列先斯卡娅、М. Л. 扎科茹尔尼科娃：《讲授小学俄语的实用指南》，莫斯科：教育书籍出版社 1958 年版。

话……对某物的需要和请求，问题和回答，主张与反驳，迷惑和解释以及其他很多类似的动机与言语之间的关系从整体上决定了现实的有声言语的情景。"[1]

在研究发展学生言语的教育方法时，一般会提到使学生形成对周围现实具体认识和相应概念的必要性。这点当然是正确的，因为必须要形成让学生有话可说的论点。但仅凭这一点还不能保证言语动机的形成。

有了言语动机就意味着学生不仅有了可表达的思想和感情，而且还很希望能分享它们，也就是说他有了讲出自己思想和感情的内部动机。在一定条件下是可以形成学生的言语动机的。

其中一个重要条件是儿童具有与鲜明印象相联系的情感。在一些关于言语发展的教学参考书中提到了这个条件。例如，在A. A. 库齐米娜、A. B. 克麦诺娃合编的参考书中，关于《新年枞树》这课的参考教案中说：在第二学期，孩子们是过完寒假才开始上课的。他们有着很多关于寒假里嬉戏和玩乐的回忆，但给他们印象最深的就是新年枞树。让孩子以《枞树》为题作一篇口头讲述时应该利用孩子们的这些情感。[2]

建议利用儿童的情感来发展我们的言语是正确的。可惜的是，这个建议在上述提到的教学法参考书中并没有得到实施。在这个教案中儿童自由讲述的空间很小：课堂上基本以回答教师问题和学生集体编写关于学校新年枞树的故事为主。教师会提出以

053

---

① Л. С. 维果茨基：《思维与语言》，载《心理学研究选集》，莫斯科：俄罗斯联邦教育科学院出版社1956年版，第264～265页。

② A. A. 库齐米娜、A. B. 克麦诺娃：《发展一年级学生的言语的工作体系》，莫斯科：教育书籍出版社1954年版，第95页。

下问题：我们学校的新年枞树放在了哪里？枞树是什么样子的？枞树上挂着哪些玩具？孩子们有多愉快？①

此类问题的提出使得师生的交流完全变成另外一种样子：本来应该让孩子讲讲他们的印象，现在却变成锻炼学生回答问题的能力。孩子们想要分享自己所见和所经历事情的欲望就此熄灭，或者至少可以说是大大减退了，如今它已经不能激发孩子说话的兴趣了。

现在是什么动机取代了之前的呢？是教师的威望和学校教学形势的要求，也就是教师有所问，学生就必须有所答。

发展言语时，教学法中忽略了学生讲话动机的差异性。正如上述参考教案所说的，作者们认为，新年枞树给学生们留下了鲜明印象，可以利用与其相关联的知识来进行任何发展学生言语的工作，由此而产生的情感将有效地促进孩子产生想要讲话的愿望。但是，А. А. 库齐米娜和 А. Б. 克麦诺娃犯了一个错误，即那些能激发学生说话的动机会随着工作安排的不同而发生变化。

为使俄语教学能有效促进学生的普遍发展，应当从以上两个方面的任务出发来思考教学法。

※　　　※　　　※

课堂上让学生看图是发展学生言语工作最重要的一环。我们

---

① А. А. 库齐米娜、А. Б. 克麦诺娃：《发展一年级学生的言语的工作体系》，莫斯科：教育书籍出版社1954年版，第95页。

从一年级就开始让学生看图和围绕图片展开对话。一年级时这些图片大部分来自用来发展学生言语的直观教材。这些图片中描绘的有家畜（《老马和小马驹》等）、大人与孩子的生活场景（《春耕》《未来海员》等）、四季（《春》《夏》等）。这些图片在结构上相对简单，因此很适合用来发展学生的言语。

但非常重要的一点是，引导学生看图时要激发他们多方面积极的脑力活动并且悉心培养它。

儿童应该根据教师所提的问题来讲述从图片中看到的东西。必须强调的是，在这种情况下教师不要让学生对图片上所描绘的东西进行想象，指导看图时应该让他们遵循图片真实的内容。教育书籍出版社打算出版一套供小学生发展言语的图片作为教学辅助材料，这里考虑到了教育学的任务和学生的年龄特点。但这些图片有个很大的缺陷，即它们的艺术水平并不高。

在正确教育学理论的指引下，课堂上让学生欣赏杰出大师，尤其是经典画家的作品会让他们受益良多。这些作品中丰富和深刻的内涵，多样化的表现手法，精细微妙的色调变化等都是儿童精神成长，其中包括他们言语发展进步的源泉之一。

我们实验班一年级的学生在课堂上欣赏的第一幅画是列维坦的《金秋》，二年级时古典画家的作品已经占据了课堂的半壁江山，四年级时学生几乎完全可以在观察杰出大师作品的基础上进行看图写作。

让我们以实验班三年级学生欣赏完别洛夫《渔夫》一画后所写的作文①为例。先来看看两名成绩相当好的女学生写的作文。

---

① 这些作文是在学年初写的。

莲　娜：这幅画所描绘的是清晨，晨光正卷走黑夜的暮色。
　　　　可在那河岸上渔夫已经在忙自己的事了。曙光穿透
　　　　树林照了过来。河面上盛开着睡莲。周围万籁
　　　　俱寂。

　　　　这发生在很久之前。一个渔夫在漠然地盘弄着手上
　　　　的活。他脸上的表情和姿势都强调了这点。画家用
　　　　大幅画面来描绘第二名渔夫。他穿得像个老人：大
　　　　帽子、围巾、鹅绒上衣。这是个钓鱼的老手。他见
　　　　多识广，对这一带情况很熟悉并且了解鱼的习性。
　　　　他随身带着各种所需物品。这个渔夫有着花白的头
　　　　发和胡须，手上脸上满是皱纹。他仔细盯着鱼是否
　　　　上钩。关于这幅画我就写这么多，我很喜欢它，现
　　　　在想要更多地了解别洛夫。

尼　娜：太阳还未升起。东方笼罩着泛黄的雾气，甚至河里
　　　　的水也呈现出玫瑰红色。一名渔夫站在岸上，他的
　　　　身子微向前倾，因为他不想放跑一条鱼。看得出
　　　　来，他要在这儿长待：身边放着牛奶壶，包里有一
　　　　些物什和帐篷，边上还放着鱼钩和几根鱼竿。另一
　　　　名渔夫坐在他边上，可能他还不是很了解鱼儿的狡
　　　　猾，但看起来很镇定。

现在让我们再看看班里两名成绩较差学生写的作文。

热尼亚：两名渔夫来这儿钓鱼。他们可能要走很远的路，因

此打算直接在岸边过夜。为了不耽误钓鱼，他们一
大早就起来了。太阳在冉冉升起，现在只能看到几
缕阳光而看不到太阳本身。突然鱼漂动了一下，渔
夫猛地向前一低。他的脸很黑但同时又很亲切。

我很喜欢这幅画并且还想看看这位画家别的作品。

加利亚：清晨。太阳刚刚升起，还没有完全出现，仅能看到
它的几缕阳光。早晨很冷。一名渔夫站在岸边，他
身边放着很多钓鱼用的东西。渔夫在静谧的河湾处
钓鱼。河里生长着睡莲。渔夫一动不动，他觉得好
像有鱼在咬钩。渔夫上身穿着天鹅绒短外套，脚上
套着黑袜子，脖子上有围巾，头上戴了顶黑帽子。
渔夫很爱自己在做的事，他经验丰富。他来这要住
上好几天。另一名渔夫坐在离他不远的地方，我认
为他对钓鱼不是很感兴趣，他很平静地在坐着。阳
光穿透了灌木丛。

以下情况我认为有必要指出来。作品的主要内容在上述作文
中都有所反映。孩子们不仅描述了渔夫的外貌，还以一定方式讲
述了他们的精神状态。这些是在理解渔夫的姿势和面部表情的基
础上得出的。根据一系列的外部特征推导出，渔夫在这已经待了
很久了并且他的经验很丰富。

体现儿童思想和情感的语言形式也值得研究。他们很明显地
表现出了在遣词造句方面的灵活性。儿童用虽然简短但让人印象
深刻且精准的词语描绘了图中所展示的大自然。

应该特别强调的是，每个学生都按照自己的方式来传达图画

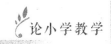

的基本内容。这说明图画激发了每个人的思想情感。而这些思想情感的细微差别都与每个学生所用的词和表达紧密相连。

在学习列宾《纤夫》这幅画的课堂上。女教师遵守了这类工作的一般规则：她不事先进行谈话，而是一上课就让孩子看画。

上课时女教师不提任何可能使学生产生一定结论的指示和问题。她只是简单地表扬了学生的回答或者要求他们回答得更准确些。下课时女教师提了几个问题，提问时注意让学生阐述所观察到现象的原因或者当学生表述不完整时让他们继续描述。

由此可见，儿童在看图时所做的观察与他们对画中事物所进行的分析和阐述一样，都是儿童独立思考的结果。

当然，这点之所以能实现是因为从一年级就开始进行目标明确的工作。我们实验班能做到这一点自然也是因为从不让教师向学生反复讲解图画的内容，编写大纲及很多其他附加工作，所有这些只会摧残创造的火花，扼杀儿童想要看图、独立思考并感受它的渴望。

为了比较我们来看看一些俄语教学法参考书是怎样建议写看图作文的。这突出体现在让学生根据马科夫斯基《相会》这幅画的复制画来写作文的上课大纲中。

俄语教学法参考书建议，首先就革命前儿童的生活展开谈话（根据契诃夫的短篇小说《万卡》）。教师提出一系列问题：为什么万卡会来到城里的皮鞋作坊？是谁送他来做学徒的？为什么送他来？万卡有什么梦想？他给爷爷的信里写了什么？

接下来让学生看一下《相会》这幅作品的复制画并展开谈话。教师又提出一堆问题：这幅画中画了谁？男孩在哪从事什么工作？谁来找他？母亲从哪来？母亲给他带了什么？为什么儿子那么贪婪地吃着母亲带来的面包圈？观察男孩的外表，推测一下他在老板那里的生活怎样？关于自己的生活男孩跟母亲讲了什么？为什么母亲那么伤心？他向母亲提了什么要求？母亲是否能把他带回乡下？男孩和母亲是怎样分别的？

然后俄语教学法建议学生"给这幅画补充自己的材料"。让学生思考画中故事出现前都发生了什么？之后又会发生什么？教师提问后就让一两个学生根据图画作口头叙述。最后学生写一篇带有预先拟定的大纲的作文。[①]

显然经过这么一番准备学生独立思考的空间就丝毫不剩了。教师代替了学生去思考。词语表达的情况也不容乐观。教师提问："谁来看望他？"学生只需把代词"谁"替换成"母亲"并颠倒一下词序就可以了。这样就能得到一个句子："母亲来看望他了"（注：俄语原句是倒装句，跟问句的词序不一样）。教师问："观察男孩的外表，推测一下他在老板那里的生活怎样？"学生的脑力活动简化为将"很坏"这个词代替"怎样"这个词就行了。

在这种情况下，四年级学生对不得不独立研究一幅画并据此写一篇作文感到束手无策的情景也就不足为奇了。

以上我们所说的主要以写作或叙述的方式来发展学生的言语工作的做法是不正确的。现在还可以补充一些：上述把发展口语工作看作是为写作文作准备的做法既不能发展学生的书面语，也不能发展他们的口语。

我们实验班高度重视在欣赏造型艺术作品的基础上来写作。

---

① С. П. 列道祖波夫：《小学俄语教学法》，莫斯科：教育书籍出版社，1955 年版，第 351～352 页。

学生们独立地来写此类作文。关于这幅画并不事先进行任何口头讲述或撰写作文提纲。

第三节　阅读

　　在小学通常被称为"讲解性阅读"的俄语教学工作十分重要。因此对这部分工作加以重视也十分有必要。书本是知识的主要源泉之一，关于这点的巨大教育意义已无需提醒。这是众所周知，无可置辩的真理。还有一点也是不容怀疑的，即在合理安排小学阅读教学的情况下阅读能极大促进学生的思想、感情、言语乃至他们整个个性的发展。

　　正如乌申斯基所指的，语言充分反映了祖国和人民的精神生活，同时对儿童来说，它又是其周围自然环境和生活最好的说明者。① 同时乌申斯基还强调，在语言掌握过程中直观性是实现儿童独立最好的手段。

　　同时，Н. Ф. 布纳科夫、В. П. 瓦赫捷罗夫、Н. А. 考尔夫和 Д. И. 季霍米罗夫也强调了使小学生形成对周围世界具体认识的必要性。

　　在现在一些关于讲解性阅读的教学法参考书中指出了直观性在形成儿童自觉性中的作用，并且非常好地列举了一些在阅读课上使用直观教学手段的例子。但是关于结合阅读来采用直观教学

---

　　① К. Д. 乌申斯基：《祖国语言》，载《乌申斯基全集》（第 1 卷），莫斯科：俄罗斯联邦教育科学院出版社 1948 年版，第 563 页。

手段的说法太过空洞。比方说，在谢佩托娃编写的教学法参考书中，在一系列用以帮助儿童理解生词和陌生表达的教学方式中提到了展示相关物品或图片的方式。例如，应该展示热带国家植物的图片或者——在另一种情况下——展示画有山岗的图片并说出山岗各组成部分（底部、顶端、斜坡）的名称。①

讲解性阅读参考书的编者们提醒不要用解释词语来代替阅读教学是完全正确的。但当真的阅读某篇文章时，实际上又会变成解释词语和针对所读内容进行提问了，这种情况在一、二年级尤其突出。

我们讲这些并不是看轻生词解释的意义或教师提问的作用，而是为了不懈地发展学生的言语，预防其发展的片面性。只有这样学生才能形成自觉阅读的基础。如果这个基础不牢固，那么教师不可避免地就要进行词语解释和提出无数个问题来代替学生的独立思考。

当教师积极有体系地开展丰富、深化和区分学生对周围世界认识的工作时，阅读课上他就可以借助学生已经积累的具体经验。当教师完全确信学生对课文中所讲事物已有印象，对所提现象已经理解，那么他就可以无需让学生再去直接感知那个对象，就能避免提出很多无聊枯燥的问题。

在教学过程中促进学生的发展，很多教师在这方面做出了表率。这里我们指的是 A. E. 阿德里阿德娃、O. Ф. 克雷诺娃、A. M. 图玛诺娃、E. K. 维茨列尔、O. A. 冈恰鲁克、Л. H. 多

---

① H. H. 谢佩托娃：《小学讲读课教学法》，莫斯科：教育书籍出版社 1958 年版，第 37 页。

勃雷尼娜和 A. Г. 切尔内申克等人开展的工作。

同时我们要注意，学生的发展，主要是言语和语言逻辑思维的发展是片面的。学生在这些领域的发展缺乏牢固的基础，即对自然现象、人类生活和劳动大量有效的观察。

我们在莫斯科和外地很多学校收集到的材料证明，小学生对周围世界的认知是很贫乏的，而现有的知识也是模糊不清，不准确，不完美的。学生能相当活跃地讲讲植物、鸟类和其他东西，但对所讲的事物或过程却没有多少正确的表象。①

反映儿童对周围世界认识特点和观察力水平的这些事例值得引起深忧。它们表明了现行的小学教学法有着大量缺陷。例如，学生在直接感知过程中对周围现实的认识是支离破碎的，肤浅的，而且这种认识几乎是服务于阅读的。当然我们绝不是轻视书本和阅读的作用，印刷出来的词就跟一般词一样，是知识最重要最强大的源泉，但是，只有依靠丰富和多方面的观察这些词语才能发挥这种作用。

阅读、谈话、教师讲述——这是一方面，学生对周围世界现象的直接观察——这是另外一个方面。小学教学法中已经形成的这两方面的相互关系既不能保证学生的和谐发展，也难以保证他们有效地掌握语言。已经形成的针对儿童的教学法难以避免地会导致"纯言语主义"的产生，即儿童所使用的词在其意识中难以跟真正的、准确的直观认识联系起来。

确保将对周围世界多方面准确地认识作为阅读的坚实基础，

---

① Л. В. 赞科夫：《教学中的直观性和学生的积极化》，莫斯科：教育书籍出版社 1960 年版。

这只是正确安排了俄语教学中阅读这部分工作其中的一方面，关键还要弄清所读课文的内容，理解课文的主题思想以及其中包含的思想和感情。

不应忽视的是，在传统小学教学法中对弄清课文内容这一工作的阐述总是简单而且片面。可以列举教学法参考书中对寓言阅读所提的建议为例。

将学生理解作品人物形象作为一项基本任务。让学生"欣赏与寓言相关的插图，用词语来描绘画面或者用铅笔、颜料等创造性地再现寓言。这样能促进上述任务的完成"。[①] 为实现这一目标还可以采用分角色朗读的方法，在分析寓言内容后让学生揭示寓意。[②]

"寓言的价值首先并不在于其寓意和启示，而在于理解艺术形象……，在阅读和分析寓言时，关注的重点要放在对形象的理解和阐述上。只有以这为基础才能在高年级引导孩子去理解寓意。"[③]

《国语》阅读课本中对寓言所提的问题甚至连教学法参考书里所提的任务都没有完成。例如，对《蜻蜓和蚂蚁》这篇寓言提出以下问题：蜻蜓是怎样过夏天的？随着冬天的到来蜻蜓失去了什么？为什么蜻蜓要去蚂蚁那？关于自己的生活，蜻蜓对蚂蚁说了什么？蚂蚁是怎样回答蜻蜓的?[④]

---

①② H. H. 谢佩托娃：《小学讲读课教学法》，莫斯科：教育书籍出版社1958年版，第164页。

③ H. H. 谢佩托娃、Л. A. 卡尔平斯卡娅：《三年级讲读课本〈国语〉的教学法指示》，莫斯科：教育书籍出版社1958年版，第78～79页。

④ 参阅《国语（小学三年级讲读课本）》，莫斯科：教育书籍出版社1962年版，第46页。

可以看出，所有问题都可归结为对寓言内容和情节的再现。因为这种再现是分成好几个部分来实现的，实质上它阻碍了学生从整体上感知寓言。

教学法参考书的编者们极力推荐使用寓言插图，但实际上将学生的注意力集中在插图上起着同样的阻碍作用。因为我们利用直观性不是为了直观而直观，而是为了实现不同情况下所提的教育任务。学习寓言时对待插图也要这样。

如果认真探讨学生学习寓言的任务。那么立刻就会发现教学法专家们的建议是无根据的。只有理解了包含在寓言中的寓意和启示，寓言的学习才能促进学生的发展，而这些都是教学法专家所没有考虑的。

根据教学法参考书的指示，学习寓言时注意力要集中在不同动物的性格特征上。但实际上这些特征在以前学习童话时就已经是学生们的注意对象了。让学生围绕这个核心来学习寓言，那就像俗话所说的"还是同样的汤，但更稀些"。

寓言作为一种独特的文学体裁，其意义是，寓言中的寓意和启示有机地相互交织在一起。如果儿童能在一定程度上意识并感受到这种对普遍真理形象表达的妙处，那么这将真正促进他们智力活动的进步。

教学法参考书中指出了理解寓言时会遇到的一些特殊困难，似乎它们对小学生来说更加典型。

在一本教学法参考书中是这样写的："把寓言中典型的动物形象，甚至是典型的人物形象转移到现实的人的环境中来，这点小学生是很难做到的。"①

认为在小学时理解寓意是"非常困难的"这一论断毫无根据，没有任何材料能证明这点。

根据教学法参考书所建议的那种方式去学习寓言是枯燥乏味的，学习变成了反复咀嚼相同的内容。为了证实这一观点，我们来看看谢佩托娃和卡尔平斯卡娅合著的教学法参考书中关于俄语教学的流程图："1. 准备性谈话（其中包括词语工作和细看寓言中的插图）；2. 教师朗读；3. 儿童默读，让他们标出不能完全理解的词语和表达；4. 儿童大声朗读，进行词汇工作和通过谈话来弄清寓言内容和人物性格；5. 根据教师的指示有选择地阅读，找出中心思想，某些情况下它是以谚语的形式表现出来；6. 阅读作者从寓言内容中得出的结论；7. 分角色朗读；8. 让儿童讲述生活中与寓言类似的情况；9. 熟背寓言；10. 对寓言进行演绎。"②

作者解释说，并非读每篇寓言时都要用到上述教学流程，但哪怕是这样，当儿童好不容易才找到中心思想和结论时，他们已经失去了对寓言进行思考的兴趣，不愿再进行多方面的探索和鲜活地去感受寓言。最后得到的只是教师强行灌输的答案。

我们的经验表明，不用上面展示的那套"杀手锏"学生也能找出寓言的中心思想。

---

① Н. Н. 谢佩托娃、Л. А. 卡尔平斯卡娅：《三年级讲读课本〈国语〉的教学法指示》，莫斯科：教育书籍出版社 1958 年版，第 79 页。

② Н. Н. 谢佩托娃、Л. А. 卡尔平斯卡娅：《三年级讲读课本〈国语〉的教学法指示》，莫斯科：教育书籍出版社 1958 年版，第 79~80 页。

在二年级上学期的前期，有节课是用来学习克雷洛夫的寓言。在对儿童已知的那些寓言进行简短谈话并解释了寓言这种文学形式的定义后，女教师紧接着就朗读了《蜻蜓和蚂蚁》这篇寓言。朗读之后没有进行任何准备性的谈话，女教师直接问："这篇寓言的中心思想是什么？"

瓦利亚（我们班最差的学生之一）：蚂蚁在为过冬做准备，

　　　　而蜻蜓一直在唱歌。

女教师：为什么寓言里说："你总是在唱歌——这是工

　　　　作吗？"

柯利亚：也就是说不要做个游手好闲的人。

女教师：寓言的启示是什么？

加利亚：就是不要做个懒人。

066

弄清楚寓言的道德启示后，儿童就自己去读寓言。之后简单地分析一下寓言中所使用的语句表达。

正是在学生明白寓言的道德启示后所有的一切才变得容易理解。现在学生能独立分析寓言的各个部分，克雷洛夫那些独特的语言表达手段才有了真正的意义："眨眼间，冬天已在眼前""每张叶子下都有现成暖窝和饭食的美好日子已经不在了""肚子饿了，唱歌还有什么乐趣呢？"等。

因为从一年级我们就以高速度和高难度的水平进行俄语教学，这样在文学作品的阅读方面，我们班学生就大大超越了平行年级的同龄孩子，因此也就有可能比通常做法更早地转向阅读相当数量的经典作家作品。

在四年级第一学期的前期，孩子们就完完整整地读完了屠格涅夫的短篇小说《木木》，并且在教师很少帮忙的情况下独立分析了这篇作品。

一般情况下，四年级学生只阅读《木木》的一个片段，到五年级才会阅读整篇小说。对作品的分析根据五年级《祖国文学》选集中所提的问题来进行。大部分问题与作品主人公盖拉辛相关。至于其他人物，文选中只提到一项任务："找出并摘录反映作者对太太、盖拉辛、塔季娅娜、卡皮统和加夫利洛态度的话语。"①

让我们引用一段课堂记录来说明，学生对加夫利洛是如何评价的。

女教师：关于加夫利洛可以说什么呢？

尤　拉：他是个狡猾的人。他为太太服务，好像准备为她做

① 《祖国文学（八年制学校的五年级用的文选）》，莫斯科：教育书籍出版社 1960 年版，第 116 页。

一切事，但实际上想的只有自己。他考虑的只有自
身的利益。

托利亚：他对太太很谄媚（"您有什么吩咐，太太？"）可转
眼间就在她的仓库中翻来翻去。

维　佳：他就是个小偷。东西没放好就会被他偷了。

鲍里亚：他是个马屁精，有时都让人害怕。除此之外，他还
喜欢造谣生事，太太跟他讲别人的什么事，他就会
跟别人说，然后搬弄是非。

科斯佳：他是个胆小鬼，他叫了一群奴仆去抢一只狗。

萨　莎：他还很喜欢打扰别人的生活（对塔季娅娜和卡皮统
的事嚼舌根）。

瓦利亚：他本想反驳太太，但忍住了。

列　娜：他认为盖拉辛会报复他。

女教师：总的来说，加夫利洛是个狡猾、不诚实的人，是个
马屁精，胆小鬼，这是对他的所有评价吗？

萨　莎：加夫利洛靠偷吃长胖了。

瓦利亚：他房间里有个铁片包角的箱子。

鲍里亚：他畏惧太太，同时又欺骗她。木木第一次回来时，
如果加夫利洛不跟太太说，她是不会发现的。

女教师：好了，这是加夫利洛的完整形象吗？

托利亚：他喜欢抢别人的功劳。当大家去找盖拉辛时，他让
别人去找，自己躲在一边。

女教师：读了这篇作品，我们可以根据什么来评价加夫
利洛？

列　娜：根据屠格涅夫对他的描述。

柯尼亚：根据他的言谈。

女教师：对，根据他怎样讲话和讲了什么？

瓦利亚：他讲话结束时总会加上"太太"，例如："是的，太太！"

女教师：他为什么这样讲话呢？

加利亚：他想显得有文化。

女教师：难道这能叫作文化吗？

维　佳：他想装得有礼貌。

加利亚：因为他是个马屁精。

女教师：还可以根据什么来评价加夫利洛？

加利亚：根据他的所作所为。

伊　拉：可以根据外貌。

科斯佳：高平鼻子小眼睛。

列　娜：头发干枯。

女教师：请找出文中对加夫利洛外貌的描写！

　　　尼娜正确找到并朗读了故事中相应地方的内容。

女教师：屠格涅夫还在哪里讲到了加夫利洛的外貌和行为？在与谁的谈话中？

列　娜：跟塔季娅娜。

加利亚：跟卡皮统。

列　娜：和塔季娅娜。

　　　加利亚读了几段描写加夫利洛和塔季娅娜的谈话。

女教师：他在这里是怎样的？

列　娜：似乎有点好心。太太让卡皮统娶塔季娅娜为妻。塔季娅娜哭了，加夫利洛想要征求塔季娅娜本人的

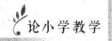

同意。

伊戈里：加夫利洛毁了她的生活，他只是在做样子。

萨　莎：他对一切都很无所谓，只想尽快结束这件事。

加利亚：（她摘引了一段盖拉辛可能杀死塔季娅娜的片段，
　　　　非常气愤）我倒要看看——他是不是真杀了！

尤　拉：这里还有，他多么胆小啊（读文中相关段落）！

从这段课堂记录可以看出，儿童对所读作品有那么多的论述，这才能真正教会他们独立思考，快速理解所读课文，记住相关内容，对文中刻画的人物及其行为表达个人观点。

第四章　俄语（语法和正字法）

第一节　语法

认为学生只有从词汇和修辞方面学习俄语才能认识和感受其丰富性的想法是不正确的。学生在掌握语法过程中还有很多可以而且应该做的。如果注意到这点，那么就更有可能采取一些语法学习所必需的，能最大限度促进学生发展且能在知识和技巧的掌握上取得更好效果的形式。

乌申斯基曾说："语法第一次让儿童去进行自我观察，去研究自己的言语，从而发展他的自我意识。虽然有困难，但完全有可能用一些问题将儿童的思维集中到他自己身上，集中到他的言语上。"① 这段话体现了乌申斯基正确且深刻的见解。

---

① К. Д. 乌申斯基：《〈祖国语言〉的讲授指南》，载《乌申斯基全集》第 2 卷，莫斯科—列宁格勒：俄罗斯联邦教育科学院出版社 1948 年版。

之后维果茨基在自己发展儿童心理总思路的框架下来研究语法的学习。维果茨基认为，语法学习的作用在于，使儿童先前从未注意过的言语活动变成有意识和随意的。因此掌握语法就跟掌握书面语一样，都是学生发展的重要因素。①

应该怎样安排语法学习才能在学生发展和他们掌握知识技巧方面达到最佳效果呢？

本书中我们不准备全面探讨语法的教学问题。

我们将会指出，在一些先进教师的经验中有很多宝贵的教学方法。其中有些方法是将各种语法现象作比较。例如，在斯摩棱斯克第 25 小学，女教师莉洛娃在上三年级的课时是这样做的：将 деревня 和 дерево 这两个名词变格后进行对比。儿童就会发现，在变六格时第一变格法和第二变格法的名词词尾是相同的。②

在学习名词变格时采用对比法在列宁格勒学校的一些低年级教师的经验中也有所提及。③

本书的任务是简要说明，怎样在俄语教学中实现我们的教学论观点。

---

① Л. С. 维果茨基《思维与语言》，载《心理学研究选集》，莫斯科：俄罗斯联邦教育科学院出版社 1956 年版。

② 参阅 В. А. 库斯塔列娃：《正字法教学中的语言与思维的发展》，载《初等学校》1958 年第 6 期。

③ 参阅 Е. Н. 佩特罗娃：《一、二年级学生学习语法的准备》，载《小学教学过程中的教育与儿童的发展》文集，莫斯科：俄罗斯联邦教育科学院出版社 1960 年版。

※　　※　　※

　　每当说起小学的语法学习，总会强调它的基础性特点和实践倾向性。例如，在沃斯克列先斯卡娅和扎科茹尔尼科娃合著的教学法参考书中写道："小学教学大纲中的语法课是为中学系统学习语法做准备的。"[①]

　　在列道祖波夫编写的教科书中写道："一二年级的语法材料是通过实践的方法教给儿童的。这些年级语言教学的任务在于，教会孩子实际运用我们语言中的简单句子、单词、音节和语音等基础知识。"[②]

　　这种小学语法教学体系不是基于学生发展和其知识的掌握来考虑的，而是由几十年来形成的传统来决定的。因此完全有理由提出这样一些问题："这种语法教学的观点是否正确？按照苏联学校面临的新任务，应该怎样改革这部分教学？"

　　如果注意到之前阐述过的小学教学改革的那些原则，那么对上述第一个问题就可以给出否定的回答。与此同时，对掌握语法知识一些问题的观察可以发现，传统的语法教学是无根据的。在很多著作中都揭示了这样一些事实，即由于将单词的事物意义放在首位，很多小学生看不到词与词之间的语法共性。例如，学生

· 073 ·

----

　　① А. И. 沃斯克列先斯卡娅、M. Л. 扎科茹尔尼科娃：《讲授小学俄语的实用指南》，莫斯科：教育书籍出版社 1958 年版，第 169 页。
　　② С. П. 列道祖波夫：《小学俄语教学法》，莫斯科：教育书籍出版社 1955 年版，第 184 页。

没有意识到单词 сторож 和单词 сторожка 的词根是相同的，因为这两个词所指的事物不一样：сторож（守卫）指的是人，而 сторожка（守卫室）指的是房子。[①]

这是否意味着，一二年级学生无论如何也不能脱离词的事物意义，不能从语法角度看单词呢？不！绝不能这样说！上述情况产生的原因在于，现行的教学法不去帮助克服学生的那些特点，反而巩固并加强了它们。

在开始两个学年中不给学生讲那些表示词类的术语（名词等），因此学生并不了解每种词类所特有的形式特征。结果在二年级讲词类的区分时仍采用下列形式："表示事物的词""表示事物动作的词""表示事物特征的词"。

因此，尽管也引导学生来归纳总结（将表示事物的词，表示动作的词或表示特征的词归为一组），但是并没有用一定的、有自己术语和形成特征的语言范畴将这些词统一到一起。因此，对词与词之间相互关系的认识也没有上升到质的高度。

我们的经验表明，一年级学生就能在理解的基础上掌握一系列术语，并且对词类的形式特征作出观察。在二年级以及之后年级都应该按这种方式来拓展语法的学习，其中包括一些更为复杂的语言现象。

---

① Л. И. 鲍若维奇：《运用词根中非重读元音规则的心理分析》，载苏维埃教育学》1937 年第 5～6 期。Д. Н. 鲍戈亚夫连斯基：《谈谈掌握非重读元音正字法的心理学》，载《俄罗斯联邦教育科学院通报》1947 年第 12 期。

※　※　※

早在识字阶段学生就观察词的各种变体，将同一个词的不同形式（рама－рамы－раму；лара－лару；нора－нору－норы；малина－малину 等）进行对比，教师暂时不用"词尾"这个术语，而是让学生注意到上述各组词的最后一个字母是不一样的。这是由于词义不同（рама 框架—Маша мыла раму. 玛莎清洗了一个架子；нора 洞穴— Лиса рыла нору 狐狸挖了一个洞）。意识到名词是有变化的后（根据问题：кто？ что？ чего？ 等），在一年级下学期儿童开始观察词尾的不同。

由于学习了词的构成——所有的词素，在二年级一开始就跟学生讲"词尾"这一术语。

现在再提出"直线式"和"圆周式"编写教材的问题。

如果从整个小学教学阶段看，直线式编排的教材不排斥让学生由浅入深地学习教学大纲所规定的个别主题或问题。

我们已看出，这更适用于名词词尾，包括由于学习词的构成而将"词尾"这个术语告诉学生的阶段在内。但是掌握"词尾"这个概念和对其变化规律的认识并非到此结束。

在三年级学生要继续学习名词第一、第二和第三变格法，也就是说，认识相关的词形变化表并将它们作为变格词尾的三种固定体系来掌握。

与此同时，当某些章节的语法知识掌握得差不多了，就不再学习该章节内容。① 比如，二年级不再学习名词，三年级初学习形容词。而在三年级后期学习代词和动词时，名词、形容词这些词类就不再作为教学大纲的材料而被提及。

关键问题在于，学生在小学掌握的知识要有科学依据。当然对科学材料的整理必须要符合教学论的要求和学生所处的发展水平。这种整理不应违背科学逻辑，要不然传授给学生的知识就失去了与科学的联系，如此一来，就不能达到用科学原理来武装学生的目标。而且，学生的智力发展还会受到阻碍，因为他们不能有理解地掌握那些不符合科学逻辑的材料。让我们以一些事实为证。

根据教学大纲的规定，学生在二年级要学习"同族词"的概念。课本中对这一节的安排如下：在一些用来组成故事的句子中（"при школе есть сад"学校边有个花园，"мы бережем свой садик"我们爱护自己的小花园，等等），单词 сад，садик 等是用黑粗体标出来的。学生的任务是把这些词竖着摘抄下来。之后学生还要抄写这个故事并在选定的词下面划线。在以后的练习中学生也要做此类作业。

之后对学生说："сад 花园，садик 小花园，садовые（дорожки）花园里的（小路），садовник 花匠——这些都是同族词，它们的意义接近。"这句话还重复用于下列单词中："лес 森林，лесная（дорожка）林间的（小路），лесок 小树林，лесник 守林人。"接下来的六个练习也是让学生在短篇故事或者一系列单词中找出同

___

① 这里所说的学生在小学阶段不再学习已学过的内容，它是指小学生不再获得补充知识。但这并不意味着完全不再提及这部分问题。在学习其他部分时，自然要紧密联系新知识而对以前学过的知识进行再现。

族词，划上线并按竖行抄写下来。①

　　课本中所给的定义和练习都不能使学生理解他们本应了解的单词之间的那些联系。

　　因为"意义相近"这一定义将儿童的注意力全都集中到词的事物意义上，而实际上更为重要的是应在儿童的意识中加强单词语法方面的意义。

　　教科书的编者因为担心学生不能掌握，甚至在二年级都不敢引用"词根"这一概念。编者们想竭力简化语法教学，但他们给出的定义却经不起科学的推敲。这种做法不仅不能使学生更容易地掌握材料，反而还会造成一些额外的困难。因为在儿童的意识中一些不正确的概念就此扎根，这会引起混乱，严重阻碍学生之后语法知识的掌握。

　　在科斯亨编写的教科书中将 тропы，тропа，тропинка 这三个词作为"同族词"的例子。这是不正确的，不应把这三个词放在一起，因为 тропы 和 тропа 是一个词的不同形式，而 тропа 和 тропинка 才是两个不同的词。为什么向儿童的意识中灌输错误的知识呢？

　　在小学俄语教科书中很少让学生自己来再现同根词组。二年级的课本中完全没有此类的作业。三年级教科书中关于"词根、同根词"的练习超过 25 个，但这些大量练习中仅仅只有五个要求学生为故事中的黑体字选配同根词，其余的练习跟二年级教科书中的差不多，归结起来就是：将课文中的同根词摘抄下来并用

---

　　①　Н. А. 科斯京：《小学俄语教科书（一年级）》，莫斯科：教育书籍出版社 1962 年版，第 41～42 页。

线标出，在"同族词"词根下划线。①

这种语法学习的方法不仅不能帮助学生了解并掌握丰富的俄语知识，相反，还会让学生养成机械做题的坏习惯。可以说，学生掌握的词汇不能得到实际的应用，变成无用的东西。学生被迫在教科书提供的有限词汇材料中原地踏步。

让学生了解词根和同根词，这使得语法范畴和儿童的言语实践的有机结合变得可能。应当利用这种可能性，它不仅适用于上述部分语法，其他一些语法问题也可采取此类做法。

应该让学生更多地从语法范畴来了解所掌握的词汇，这样能使他们的语言发展上升到更高的水平。

现行的教学大纲和教科书通常在三年级前都不让学生了解前缀和后缀，这是毫无根据的。我们的经验表明，在二年级一开始学生就能够而且应该学习词的构成，即不仅要将同根词分组，还应划分出词根、前缀、后缀和词尾。

尽可能早地开始学习词的构成不仅能有效促进学生的发展，还能帮助他们掌握语法知识和正字法方面的技巧。②

俄语正字法的词法特征在语言学和教学法中都已得到广泛地认可。③

---

① M. Л. 扎科伯尔尼科娃、H. C. 罗日杰斯特文斯基：俄语《小学三年级教科书》，莫斯科：教育书籍出版社 1962 年版。

② C. A. 诺维科娃在其编写的参考书《俄语》（圣彼得堡，1909 年）中早就提过研究词的构成对掌握语法和正字法的意义。

③ C. П. 奥勃诺尔斯基：《现代俄语正字法问题》，载《苏维埃教育学》1944 年第 11～12 期；C. И. 阿巴库莫夫：《现代标准俄语》，莫斯科：1942 年版；A. H. 格沃兹杰夫：《俄语正字法原理》，莫斯科：教育书籍出版社 1954 年版；M. B. 乌沙科夫：《正字法教学法》，莫斯科：教育书籍出版社 1960 年版。

格沃兹杰夫在自己的著作中写道："绝大多数元音和辅音的书写由词法原则来决定。"因此，首先必须要采取一切手段来发展学生对词进行词法分析的能力，提高他们划分词根、前缀、后缀和词尾的能力。[①]

不应当只是偶尔对单词进行词法分析，而应在有需要时从各种不同角度来经常性地分析。

让我们摘引一段相关的课堂记录。

女教师：我们以单词 спрятали 为例（黑板上同时写有 читали，писали，работали 这几个词），将这个单词进行变化，使之成为阳性单数形式。

尼　娜：спрятал。

女教师：那变成阴性呢？

萨　莎：спрятала。

女教师：这是动词的什么时态？

米　莎：过去时。

女教师：动词过去时的特征是"л"（将黑板上所写的动词читали，писали，работали 的后缀——л——划上着重线）。

在后面一节课上，女教师让学生听写几个包含动词的过去时形式（вылетили，встретили，играли）的句子。

女教师：请想一下，这些动词有什么共同点？

───────────

① А．Н．格沃兹杰夫：《俄语正字法原理》，莫斯科：教育书籍出版社 1954 年版，第 111 页。

鲍里亚：这些肯定不是同根词，这些词的意义并不接近。这里一定有什么共同的东西。

奥克萨娜：这些都是动词过去时形式。辅音"л"说明了这点。

女教师：它们都是单数吗？

奥克萨娜：它们都是复数。元音字母"и"说明了这一点。

之后其余学生找出上述动词以及其他动词过去时的后缀和词尾。

我们继续列举一个例子来说明学生是怎样对单词进行词法分析的。下面是一段课堂记录的摘录。

女教师：让我们来分析 домик 这个词的构成。加利亚，你把这个词写在黑板上。列莎，你来仔细分析一下这个词。

列　莎：дом 是词根，ик 是后缀。

女教师：这个词有词尾吗？

列　莎：没有。

女教师：什么叫词尾呢？

奥克萨娜：词的变化部分叫词尾。想要确定词尾，首先要将词进行变化。

女教师：萨莎，你来分析一下 отжили 的构成。

萨　莎：от 是前缀，жи 是词根，л 是后缀，и 是词尾。

这节课是在莫斯科第 172 小学的实验班进行的。

※　※　※

现在让我们简单讲讲词类学习的问题。二年级的教科书①中完全没有提到词类，而是用这样一些术语来代替："表示事物的单词""表示事物行为的单词"和"表示事物特征的单词"。需要借助问题（кто это？ 这是谁？ что это？ 这是什么？ что делает？ 在做什么？ какой？ какая？ какое？ какие？ 什么样的？）来区分。

三年级时给出了"动词"的一般概念，但是没有区分现在时、过去时和将来时。②

这样的"捉迷藏"是为了什么？为什么要向学生隐瞒表示一定语法范畴的术语呢？这是没有丝毫道理的。

除此之外，不了解术语加大了区分语法范畴的难度，阻碍了学生抽象思维的更好发展。

我们的经验表明，在一年级就完全可以向学生讲"名词"和其他一些术语。③ 了解术语不仅能更容易地掌握语法，而且这还是深入学习语法范畴形式特征的必要前提。

---

① 参阅 Н. А. 科斯京：《小学俄语教科书（二年级）》，莫斯科：教育书籍出版社 1962 年版。

② 参阅 М. Л. 扎科茹尔尼科娃、Н. С. 罗日杰斯特文斯基：《俄语（小学三年级教科书）》，莫斯科：教育书籍出版社 1962 年版。

③ Е. Н. 佩特罗娃指出，二年级学生可以接受词类的名称。可参阅她的文章：《一、二年级学生学习语法的准备》，载《小学教学过程中的教育与儿童的发展》文集，莫斯科：俄罗斯联邦教育科学院出版社 1960 年版。

补充一点，根据现行的教学大纲，儿童要在三年级，也就是在学习了前置词，以及前置词与其余单词总是分开写这一知识点后一年，才开始学习前缀，这是不对的。

为了有理解地掌握前置词的书写规则，为了这部分的语法学习能促进学生培养论证自身判断和行为的能力，应当把掌握上述规则与划分前缀联系起来。我们来引用一段相关的课堂记录。

女教师：关于前缀你们了解什么？

托利亚：前缀要与单词写在一起。例如前缀 пре—和 при—。

女教师：при—这一前缀表达什么意义？

托利亚：表达"靠近"的意义。

女教师在黑板上写：мы ходили на фабрику（我们去工厂），мальчик написал заметку（男孩写了一篇短文）。

女教师：看，这是两个句子。我为什么把它们写在一起。

伊　拉：为了将前置词和前缀区分开来，第一个句子中 на 是前置词，而第二个句子中 на—是前缀（мальчик написал заметку）。

安德柳莎：第二个句子中还有一个前缀 за———заметка。例如，есть метки на деревья（书上有记号）。

女教师：请根据句子成分来划分第一句话。

尼　娜：主语是 мы，谓语是 ходили，на фабрику 是句子的次要成分。

女教师：请分析第二个句子。

瓦利亚：мальчик 是主语，написал 是谓语，заметку 是句子的次要成分。

女教师：前缀在句子的什么成分中？

亚罗斯拉夫：在句子的次要成分中。

女教师：请写出下列句子：тетради лежат на столе（练习本放在桌子上），охотник настрелял много уток（猎人打到了很多鸭子）。在前缀下面划一道线，在前置词下面划两道线。分析第一句话。

尤　　拉：тетради 是主语，лежат 是谓语，на столе 是句子的次要成分。

女教师：亚罗斯拉夫，你来分析第二句话。

亚罗斯拉夫：охотник 是主语，настрелял 是谓语，много уток 是句子的次要成分。

女教师：这句话中前缀在哪里？

亚罗斯拉夫：在单词 настрелял 中有前缀 на一。

女教师：настрелял 作句子的什么成分？

热尼亚：作句子的谓语。

学生在分析句子时做了一些观察：前置词只出现在句子的次要成分中，而前缀则出现在谓语中（有时还会出现在句子的次要成分中）。

可以看出，课堂的大部分时间用来区分前置词和前缀，同时也注意到了前缀的意义。结合句子的句法分析来区分前缀和前置词。

对知识进行概括性总结非常重要。我们来分析被称为"单词课"的例子（二年级第二学期）。

课堂目的：将学生所学的词法知识加以系统整理。

女教师简要地讲了讲这节课要做什么，之后要求学生说出不同词类的一些词。女教师从这些词中挑出该节课第一阶段会用到的一些词并将它们写在黑板上。所写的词包括名词、形容词、动词和前置词（女教师暂时没有将这些词进行分类，而是将它们杂乱无章地写在黑板上）。

假设写在黑板上的是这些词：носил，зима，смелая，дубок，газеты，на，Барабан，идет，под，холодный，пионер，стоит，полянка，в，из，красные，слониха，вылетает，машины，ежи.

女教师提问："所有这些词可以怎样分类？回忆一下学过的语法，利用已掌握的知识将单词进行分类。"

有些儿童将一些词连成句子，女教师指出，可以将一些词连在一起，但是黑板上还有很多词并不能放进句子里。要知道，现在的任务是：将黑板上的所有单词进行分类。

教师让儿童自己，而不是代替他们去完成这项任务，即根据"词类"特征将单词分类。

不将那些杂乱写在黑板上的单词擦掉，而是在稍微靠下的地方将这些词按照名词、形容词等竖着写下。

之后按同样方式（还是由儿童独立完成）将名词和形容词的性、数分别写出来。如果之前学过动词的时间形式，那么也可按这个来分。显然，前置词是不能按照上述语法范畴来分类的。

然后可以研究单词的构成。分析黑板上的单词，用这些词来构成别的词：添加或去掉前缀、后缀。接下来是词尾的变化：名词的变格和形容词的变性。

做完所有工作后向孩子们提问："怎样用其中一些词造句？"有些词无需改变，也不用添加什么就可以直接用来造句。例如：Пионер носил барабан. 这句话中 Пионер 作句子什么成分？носил 是什么成分？барабан 又是什么成分？

Носил，зима，смелая，дубок，газеты，на，барабан，идет，под，холодный，пионер，стоит，полянка，в，из，красные，слониха，вылетает，машины，ежи.

名词							形容词		动词		前置词
зима, дубок, газеты, барабан, пионер, полянка слониха, машины, ежи							Смелая, холодный, красные		Носил, идет, вылетает, стоит		на, под, в, из
单数		复数		单数							
阳性	阴性	阳性	阴性	阳性	阴性	复数			现在时	过去时	
дубок барабан пионер	зима полянка слониха	ежи	газеты машины	холод ный	смел ая				идет вылетает стоит	носил	
дубок дуб барабан брараба нщик	зима зимушка полянка поляна								вылетает летает	носил приносил	

Пионер носил барабан.（Стояла）холодн（ая）зима. На полянк（е）стоит дубок.

　　而像 зима 这种词，如果它在句中作主语，但是黑板上所写的词中并没有合适的谓语，那么就需要添加别的词。倒是有可以作定语的词（холодный），但它是阳性形式，如果要用这个词就要将这个词的阳性词尾变为阴性（холодная）。如果添加 стояла 这个词，那么就能得到句子：стояла холодная зима.

之后最好造一些有别的词形变化或组合的句子。比方说：造一个有前置词的句子（на полянке стоит дубок），但是造句时不能直接用 полянка 这个词，而应该变成 на полянке。这里 полянка 是几格呢？

上课过程中留在黑板上的笔记在下课时大概如上表：

根据传统的教学法体系，整个小学教学期间都不跟学生讲"词干"的概念。这阻碍了学生在语言科学的基础上学习一系列的词法问题。

在我们的实验教学中，学生在三年级就已掌握了"词干"的概念，因此就能对学生讲"构词"的概念，就能把构词和词形变化区分开来，学习所谓的复合词。

从语法科学的角度看，现有的三年级教科书①关于复合词的讲解是不正确的。学生还未学过"词干"的概念就又给出复合词的定义，所讲的定义缺乏科学根据。这是语法教学中不应犯的错误之一。

※　　※　　※

与传统小学语法教学相比，句法在我们语法教学中的地位要重要得多。按照现行的教学大纲和教科书，儿童在二年级所知道的仅有：句子中的单词在意义上是有联系的，可以借助问题来了

---

① 参阅 М. Л. 扎科茹尔尼科娃、Н. С. 罗日杰斯特文斯基：《俄语（小学三年级教科书）》，莫斯科：教育书籍出版社 1962 年版。

解词与词之间的这种联系。① 在三年级学年初的"重复"阶段后才会提到句法问题。到那时才会给出句子主语、谓语和次要成分的定义，才会讲到其他一些句子成分。学生需要做的是：将句子的主语、谓语和次要成分划线，写出带有主语和谓语的句子并对它们进行口头提问，用次要成分来扩写句子。②

直到四年级结束学生才了解句子次要成分的一些范畴（定语、补语和状语），教师才跟他们讲句子的同等成分和复合词的概念并要求做一些相关练习。但是，有关句子成分和词类的分析③仅出现在句子同等成分这一章节的练习中，并且这种分析分成句子成分和词类两个方面，而非要求分析句子的某个成分是用哪种词类来表示。

在小学这样安排语法学习将不利于学生逻辑思维的形成，降低他们掌握俄语知识和技巧的质量。因为词法和句法在现代语言学中被当做有机联系的两个语法分支。

087

在二年级就完全可以对句子进行句法分析，同时还能确定，句子的某个成分是用什么词类来表示的。例如，句子 маленькие дети играли в саду（小孩子在花园玩耍）就是这样来分析的。在同一节课上学生还要分析句子：мы встретили скорый поезд（我们遇到了快速列车）。这个句子的特点是：句子的主语用人称代词来表示。

---

① 参阅 Н. А. 科斯京：《小学俄语教科书（二年级）》，莫斯科：教育书籍出版社 1962 年版。

② 参阅 М. Л. 扎科茹尔尼科娃、Н. С. 罗日杰斯特文斯基：《俄语（小学三年级教科书）》，莫斯科：教育书籍出版社 1962 年版。

③ 参阅 М. Л. 扎科茹尔尼科娃、Н. С. 罗日杰斯特文斯基：《俄语（小学四年级教科书）》，莫斯科：教育书籍出版社 1962 年版。

因此应该谈谈词类学习的顺序问题。现行的教学大纲和教科书规定，三年级学习名词，四年级学习代词。我们认为这种词类学习的顺序是不合理的。一年级就应该向学生讲"名词"的概念，这样在二年级就能学习人称代词了。

在阅读中我们经常能碰到人称代词。在叙述旅游、过节和其他事情与观感的作文中也经常用到它们，作为一种语法范畴对二年级学生来说人称代词的学习比名词简单。

例如，对句子 мы встретили скорый поезд 进行分析时，女教师说："请在这句话中找出主语。"

伊戈里：мы 是主语。

女教师：мы 是名词吗？

加利亚：不是。

女教师：那它属于什么词类呢？

列　莎：这是代词。

女教师：这说明：主语总是用名词来表示吗？

托利亚：不是。

女教师：当然。不仅名词，代词也可用来作主语。

※　　※　　※

在即将结束这一节的阐述时，不得不再次强调现行语法教学体系的错误。在小学语法学习的过程中学生很少能真正理解语言现象，语法学习完全是为掌握正字法而服务的。这给学生的发展，给他们知识和技巧的掌握都带来巨大损失。

尽管教学法参考书的编者是现行教学体系的传播者，但他们自己也不得不承认现行的语法教学存在着致命缺陷。例如，在莫斯科、弗拉基米尔、加里宁和卡卢加的一些学校中，罗日杰斯特文斯基检查了学生的语法知识，据此他指出，对三年级学生来说最大的困难在于确定句子中单词间的联系和划分词类。而四年级学生则很难区分格和根据词法组成来分析单词。[①]

不得不强调的是，以上缺点是在学生做一些很简单的作业时被发现的。在三年级对以下句子作语法分析：Пионер копал грядки в огороде. 在四年级是：узкая тропинка выводит нас к березовой роще. 由此可见，语法知识的确很薄弱。

上述实验材料表明，建立新的语法教学体系是迫切需要的。还表明，这种教学对学生的发展有着实质的促进作用，可以为他们掌握正字法奠定牢固的基础。

第二节　正字法教学

在苏联学校中语法教学之间的紧密联系是正字法教学的基石之一。

这个普遍性原理已得到广泛认可。但在教学实践中对上述原

---

① Н. С. 罗日杰斯特文斯基：《小学教学的现状和当前任务（俄语）》，载《初等教育》1958 年第 8 期。

理的解释，尤其是这个原理在教学法上的体现和其实现形式都有很大差异。

众所周知，在正字法教学史中曾有很多流派。不同流派的着重点不一样。[①] 曾有这样一个时期，认为所谓的手部活动起着很重要的作用。而有些教学法专家认为视觉表象起着独一无二的作用。另外一些人则认为听觉分析更重要。在现今苏联的教育心理学著作中有这样一些观点，即根据不同的正字法书写规则来分类进行正字法的教学工作。学生根据其客观的语言水平来掌握不同类型的正字法书写规则。在语音书写、传统书写和语义书写的不同情况下智力活动的结构是有差异的。[②] 同时，考虑到学生在掌握正字法时存在的个体差异也是非常重要的。[③]

应当遵循按不同的正字法类型来分类进行正字法教学的要求。但找出正确的教学论观点和正字法教学的一般途径更为关键。

当然，弄清语法学习的特点也很重要。我们的体系与传统教学法在这方面的分歧在前面章节已具体阐述过。今天我们来讲讲与正字法教学法相关的一些问题。

传统小学教学法的特点是"怕出错"。采取一切可能的措施来预防学生在书面作业中犯错误。这些措施包括预听写，提前进

---

① Н. С. 罗日杰斯特文斯基：《小学正字法教学法史概论》，莫斯科：俄罗斯联邦教育科学院出版社 1961 年版。

② Д. Н. 鲍戈亚夫连斯基：《掌握正字法的心理学》，莫斯科：俄罗斯联邦教育科学院出版社 1957 年版。

③ Л. К. 娜扎罗娃：《一年级学生掌握正字法时的个别差异》，莫斯科：俄罗斯联邦教育科学院出版社 1960 年版。

行拼写上的准备，书面转述和写作文等等。[①]

因此，似乎总是让学生架着双拐在走路。这样的正字法教学观点在小学俄语课本的练习和作业中都有所体现。

俄语课本中的绝大多数练习都是让学生抄写，并在某些单词或单词的某些部分下划线，以及在文中虚线处填上字母。[②] 但是运用正字法规则的最大困难在于确定一个单词采取了哪种正字法书写类型，[③] 而这种困难在刚刚提到的那些练习中恰恰被忽略了。

学生在练习、听写、转述和作文中用到的单词是有限的。这会导致正字法知识不是建立在对语言相互理解的基础上，而是建立在熟记一些单词的基础上。这就在一定程度上解释了为什么学生在听写熟悉的单词或与其十分接近的单词时所表现的正字法知识水平，和在转述，尤其是在写作文时所表现的正字法知识水平之间存在着天壤之别。如果在写作文和进行转述前不做专门的正字法准备，那么就会出现比听写多很多的错误。

当然，这不是导致上述差距产生的唯一原因。还有其他一些

---

① А. И. 沃斯克列先斯卡娅、М. Л. 扎科茹尔尼科娃：《讲授俄语的实用指南》，莫斯科：教育书籍出版社 1958 年版；С. П. 列道祖波夫：《小学俄语教学法》，莫斯科：教育书籍出版社 1955 年版；М. Л. 扎科茹尔尼科娃：《小学的复述和作文教学》，莫斯科：教育书籍出版社 1959 年版。

② 参阅 Н. А. 科斯京：《小学俄语教科书（二年级）》，莫斯科：教育书籍出版社 1962 年版；М. Л. 扎科茹尔尼科娃、Н. С. 罗日杰斯特文斯基：《俄语（小学三年级教科书）》，莫斯科：教育书籍出版社 1962 年版；М. Л. 扎科茹尔尼科娃、Н. С. 罗日杰斯特文斯基《俄语（小学四年级教科书）》，莫斯科：教育书籍出版社 1962 年版。

③ 参阅 Р. Я. 茹拉夫列娃：《运用正字法规则的心理分析》，学位论文，莫斯科，1948 年。

原因：听写的学生将注意力全部放在正字法上，而写作时还需考虑用合适的词来表达内容。只有将全部注意力都集中在正字法上，才有可能按照正字法规则进行正确的书写，难道能说这样的教学法是有效的吗？显然需要对这种教学法进行根本的改革。

传统的俄语教学法特别关注错误的预防。然而预防错误并不能提高学生的书写水平。例如：根据罗日杰斯特文斯基统计的数据，听写的 31 个学生总共犯了 89 个错，这也就意味着平均每人 2.9 个错误（三至四年级）。[①]

由于改进了正字法教学而使学生正字法知识水平有所提高，这里只引用一些听写材料方面的数据。例如，在罗日杰斯特文斯基关于如何提高二年级学生正字法技巧的著作中列举了一些听写，尤其是单词听写的结果。作者认为这些数据证实了一点，即在改进教学方式的情况下，学生的错误是有所减少的（采用的是《清浊辅音的正字法》和《非重读元音的正字法》这两个材料）。

但是引用的结果只能证明可以将学生训练得比平时更好，可以让他们正确地书写一些非重读元音的单词。但如果听写时碰到其他遵循这项书写规则的单词，那么错误量就会急剧增加。罗日杰斯特文斯基在著作中写道："三月份进行的两次检查表明，在学生完全没写过的单词中出现了很多错误。"[②]

因此只用听写的方式就能检测出现行的正字法教学效率是多

---

① H. C. 罗日杰斯特文斯基：《词的语音分析和词法分析是提高三、四年级学生正字法知识水平的手段》，载《小学俄语教学法问题》文集，莫斯科：俄罗斯联邦教育科学院出版社 1959 年版，第 34 页。

② H. C. 罗日杰斯特文斯基：《二年级学生的正字法技巧的发展》，莫斯科：俄罗斯联邦教育科学院出版社 1961 年版，第 40 页。

么的低。如果没有进行正字法上的准备就让学生写作文，这时就能很明显地发现这种体系的不足。

按照之前阐述过的观点，我们实验班在写作文和转述前不做正字法的准备。预听写所占的比例与所谓的检查性（即听力性检查）听写相比是较少的。我们班学生要写很多作文和转述。

很自然地就产生一个问题，即我们实验班是通过怎样的途径来达到很高的正字法知识水平。

在写作和转述时没有事先分析内容，选择合适的单词、语句和短语，也没有进行正字法上的准备，所以学生写作业时就会遇到一些未学过的正字法书写规则。教师在检查作文和转述后，修改错误之前要将错误分成基本的两大类：第一类是已经学过的规则，第二类是学生还不了解的规则。而第二类错误又可细分成两小类：1. 仅限于简单跟学生讲讲这个词应该怎么写；2. 用教师的经验（如果可以这么说）来告诉学生书写规则，这样做是因为学生还未学到所有的语法知识和相应的一些术语。

让我们以相关事实为证，即纠正二年级学生转述中的一些错误。在动词中 тся 和 ться 的书写中有很多错误，这方面的语法知识学生还没有学过。老师将儿童的注意力都集中在区分上述两种写法上，不告诉学生"动词不定式"和"反身动词"等术语，而是借助"что делать?（"что сделать?"）和"что делает"这些问题来进行必要的区分。

女教师在黑板上写下相关一些例子：

хотел，заниматься，занимается，

стал，кружиться，кружится.

女教师：单词 заниматься 和 кружиться 回答什么问题？

伊　拉：回答"что делать"的问题。

女教师：хотел что делать? заниматься.

　　　　стал что делать? кружиться.

　　　（在 заниматься 和 кружиться 这两个单词上方写出"
что делать?"）

女教师：那么单词 занимается 和 кружится 用来回答什么问
　　　　题呢？

亚罗斯拉夫：回答"что делает?"的问题。

　　　女教师在 занимается 和 кружится 上面写上"что делает?"

女教师：在 заниматься 和 кружиться 这两个单词中你们发
　　　　现有什么特点吗？

列　娜：当我们说 заниматься 和 кружиться 时，能听出单
　　　　词最后有一个音节 ся。

女教师：音节 ся 同样出现在 занимается 和 кружится 的
　　　　最后。

瓦利亚：在单词 заниматься 中，字母 т 后有软音符号，而在
　　　　单词 занимается 中没有软音符号。

女教师：这与所提的问题有什么关系呢？

安德柳莎：回答 что делать 这个问题时有软音符号。

女教师：那回答 стал что делает? 这个问题呢？

伊　拉：这时就没有软音符号。

女教师：Ребенок стал улыбаться 应该怎么写呢？

伊戈里：带软音符号。

女教师：那 Мальчик умывается 呢？

米　　沙：不带软音符号。

女教师：为什么？

尤　　拉：因为 умывается 是用来回答 что делает？ 的问题。

改错是正字法教学中至关重要的一环，现有的教科书对改错的方式提出了不少有价值的建议：学生自己改错，教师来纠正，发放练习册时改错等。① 但关键并不在于纠正错误的教学方式，而在于采用这些方式的正字法教学工作体系。

当然，我们并非一刀切地反对所有针对可能出现的错误而采取的预防手段。问题的关键在于预防哪些错误以及怎样预防。无论是单词的书写超出了所学范围还是该单词的书写并不遵循语音学规则，传统的教学法都不加区分地加以预防，基于以下原因我们不同意这种做法。

对学生正字法掌握情况所作的专门研究表明，按照正字法，正确的书写不仅建立在规则和运用规则能力的基础上，也不仅建立在听觉形象的基础上，因为视觉和动觉（动作）形象起着实质的作用。② 因此，一旦单词的书写超出了所学规则的框架或者单词的书写不遵循语言学的原则，就认为学生会犯错的想法是相当幼稚的。

当儿童转述时，在某种程度上教师能预测他会用到哪些词以

---

① А. И. 沃斯克列先斯卡娅、M. Л. 扎科茹尔尼科娃：《讲授俄语的实用指南》，莫斯科：教育书籍出版社 1958 年版；С. П. 列道祖波夫：《小学俄语教学法》，莫斯科：教育书籍出版社 1955 年版。

② Д. Н. 鲍戈亚夫连斯基：《掌握正字法的心理学》，莫斯科：俄罗斯联邦教育科学院出版社 1957 年版；Л. К. 娜扎罗娃：《对三四年级学生书写错误的预防》，莫斯科：俄罗斯联邦教育科学院出版社 1958 年版。

及哪些词对儿童来说是有难度的。例如，如果在第二学年初儿童
对关于猴子的小故事进行转述，那么毫无疑问会用到"猴子"这
个词。预测到困难，教师就会告诉学生应该怎样正确地书写这
个词。

教学法参考书的编者们认为预防错误的主要方法就是由教师
告诉学生单词的正确书写，并对单词提前进行正字法分析。与此
同时还提到了别的一些方法，例如，学生主动询问教师某个单词
应该怎样书写，怎样使用正字法字典等。[①]

在我们的教学法体系中，教师很少会提前告知单词的正确写
法。在学生改错的过程中或者在教师纠错之后才进行正字法分析
是十分重要的。[②]

我们实验班的教学十分重视听写（靠听觉进行或者边听边
看），听写的内容来源于学生作文或转述中所犯的错误，这类听
写包括学生在作文或转述中容易出错的，按正字法规则书写的那
些单词。

例如，学生根据波洛夫《渔夫》这幅画写了一篇作文，在对
作文中的错误进行分析后，让学生边看边听写：

Морщинистое лицо. Он пришел надолго. Он пришел не на
час. Деревья не шелохнутся. Там растут осины. Лилии здесь не
росли. Любимое занятие. Он занимается. Удочка пошевельнулась.
Речка как будто серебристая. Смеркается. Луна поднимается все выше.

---

① А. И. 沃斯克列先斯卡娅、М. Л. 扎科茹尔尼科娃：《讲授俄语的
实用指南》，莫斯科：教育书籍出版社 1958 年版。

② 写作文或复述时如果学生被某些单词难住，允许他向教师举手提
问这些单词应怎样正确书写。在二三年级应该引导学生查阅正字法字典。

听写结束后对所写内容进行分析，此时要将学生的注意力集中到相关的对比上（надоело － не на час － не шелохнуться；раступ － росли；занятие － занимается 等）。

我们实验班通常使用很多远超出俄语教材范围的词汇材料，这对学生的普遍发展和正字法的掌握都很重要。不仅写作和转述时，在学习正字法的规则时都会用到大量词汇。例如，对词根中带非重读元音单词的正字法规则进行学习时，要把相关同根词进行概括分类，学生不仅要再现与被检测词相关的单词，相反，还要再现一系列借助这个词可检测出的单词。选择同根词时要将学生的注意力特别集中到：将不同词类的词或构成互不相同的词划到同一组同根词中去，等等。

儿童重视并且热爱单词，越来越重视语言的丰富性，愈发深刻地意识到借助单词及其变化形式可以无限地表达各种思想感情和其细微变化。我们认为这点十分重要。那些喜欢搞大量单调训练的人可能觉得我们所说的这点与掌握正字法并无关联，但实际上对单词热爱并重视的态度是掌握正确书写技巧最重要的条件之一（尽管不是唯一的条件）。

我们实验班所做的一切不能说是绝对理想的，由于工作条件不允许，我们的很多构想也没有得到实现。但是与同龄人相比，我们实验班的学生能更加灵活地掌握词汇。实验班为接下来更好地掌握正字法奠定了基础，而在按正字法来正确书写这方面现在已能很明显地感受到这种基础。①

---

① 实验班学生正字法知识水平的材料见本书第八章。

小学语法和正字法的所有教学内容①如下所示：

一年级

第一学期

概念。单词、语音、字母、音节、单词的重音。

介绍字母。

元音和辅音。语音的辨义作用。

单词的听觉分析和视觉分析。

硬辅音和软辅音。辅音软化的标志。

发音和书写的分歧情况。单词词根中的非重读元音。单

词末尾的浊辅音和清辅音。

选同族（同根）词。

前置词支配的单词。它们分开写。

在人的名字、父称和姓氏中，在给动物起的名字中，在城

市、乡村和河流的名称中，第一个字母大写。

句子。句子中词与词之间的联系（根据提问）。

句末的句点。句首的第一个字母大写。

拼音 жи——ши，ча——ща，чу——щу.

第二学期

字母表（语音及其名称的次序）。

名词（术语、定义）。动物名词和非动物名词、专有名词和

---

① 曾在 1961～1962 学年和 1962～1963 学年内在加里宁市和图拉市
一些学校的 30 个实验班中，对这份教学大纲的一二年级部分做过试验。它
的三年级部分曾在莫斯科第 172 学校中部分试验过。

普通名词（术语、定义）、名词的单数和复数（术语、定义）。

名词的性。

名词的变化（根据提问 кто？что？кого？чего？等等）。观察词尾的不同。

单词末尾的浊辅音和清辅音，单词末尾的清浊辅音的正字法。

动词（术语、定义）。动词的现在时、过去时和将来（复合）时。

词根（术语、定义）。同根词（术语、定义）。

词根中非重读元音的正字法。

形容词（术语、定义）。

形容词的性、数变化。

前置词。

分音符号 ъ 和 .ь

陈述句、疑问句和感叹句。句末的问号和感叹号。

二年级

词的构成。前缀、后缀和词尾。

单词中间的清浊辅音的正字法。

某些前缀中的元音和辅音的正字法。

有重叠辅音的单词、有不发音的辅音的单词的正字法。

词语。

复合词。

名词的第一变格法。

名词的第二变格法。

名词的第三变格法。

各格的意义（依附于动词的意义；某些基本意义）。

各格非重读词尾的正字法（突出的几类）。

句子的主要成分和次要成分。主语、谓语、定语、补语（术语、定义）。

句子的同等成分，句子同等成分的逗号。

根据句子成分和词类对句子进行分析。

简单句和复合句。两个简单句构成的复合句，连接词 a，но 之前的逗号。

三年级

形容词的性、格和数的变化。单数和复数形容词的表示性和表示格的词尾正字法。

代词：人称代词、物主代词和指示代词。

动词的不定式。

动词和名词的搭配。

动词变位。常用的第一和第二变位法动词的非重读人称词尾的正字法。

动词的体。

动词的态（主动态和被动态）。

句子。状语（地点、时间和行为方式）。

并列复合句和主从复合句（若干种）。

直接引语。直接引语前后的引号和引语前的冒号。大写字母。

第五章　算术

　　我们暂时不改变算术这一习惯性的课程名称。但从现有的提议看，算术课正在逐渐变为数学课。我们清楚地意识到，除了本书所讲的，应该要做的事还有很多。考虑到必须在大量的实践中才能验证我们的建议是否可行，以及考虑到现有的条件，尤其是师资上的准备，我们的设想还没有得到完全实现。在与算术紧密相连的情况下将初级代数与几何纳入小学教学课程，这有利于在不拘泥于数学材料的基础上来理解数值的相互关系。在一年级就可以而且应该进行更加广泛的概括。例如，在一年级就用数字方面的材料来讲解相等和不相等的概念，之后我们又立即来分析，什么是相等和不等的线段。

　　在学习 10 以内的加减法时可尝试着做线段加减法的作业。相应地，在儿童学习乘法和除法的定义时也可将线段乘以或者除以整数。

　　在计算长方形面积时会用到乘法。可结合长方形对边相等这一特征来计算这种形状的面积。学生了解直角、长方形及其一些特征后，尝试着根据已知边来画出长方形，这些与几何的其他基础知识一样都对学生的发展，对奠定他们进一步学习的基础有着十分重要的作用。同样，像"圆、半径、圆弧、圆心角、弧度和角度、锐角和钝角"这些知识的学习也十分重要，借助它们可以在数字的框架外理解数值的相互关系，促进空间范畴的运用。

与算术课程中用代数式来表达的其他定律一样，这些定律的公式可以帮助学生概括地了解加法和乘法的交换律。与此同时，还有助于学生了解代数符号的特征。跟学生讲解正方形及其某些特征，介绍面积测量的单位，这些又与"求平方"内在地联系起来。所以，直接连贯并紧密联系地讲解这些知识是完全合理的。

这里我们仅指出了算术与代数及几何基础知识相联系的个别方面。现在我们来谈谈算术课程中必须要改革的一些问题，之后将从整体上介绍小学算术教学的内容。

第一节　掌握算术的初步阶段

从一年级初我们的算术教学就与现行教学法通常所做的不一样，本书第一章所阐述的原理是我们进行算术教学改革的根本依据。

根据传统教学法，10 以内的每个数是单独学习的。每个数的学习都要耗费相当多的时间，而且不同的数作为不同的对象被提及，结合前面一个数来学习后面的数。比如，数字 3 被认为是由数字 2 和数字 1 构成，之后的每个数也都是这么来学习的。这里似乎后面一个数与前面一个数存在着联系，从某种程度上说也的确如此。但这种联系是狭窄和片面的，因为根本没有把 1 到

10 的整个数字列作为某种统一的整体来提及。

除此之外需要强调的是，根据现行教科书①教师不跟学生讲什么是数字，什么是数数，反而用看图提问的方式来让他们学习个别的数。比如："多少个孩子？""多少棵树？""多少艘小船？"

因此这里所说的数字学习的过渡阶段可能是**在揭示现有的数字表示法**，但从某种程度上说这并不能向学生指明到底什么是数字，什么是数数。

不管是为促进学生的普遍发展还是为让学生优质地掌握知识，这两项任务都要求我们采取别的做法，即应该让学生尽可能从整体上了解将要学习的过程和对象，尤其当孩子进入一年级以后，通常他们已经掌握了相当多的数字表示法和一定的数数技巧，所以这点是完全有可能做到的。

我们按下列方式来教算术。女教师对学生说："我们现在上算术课。算术课要做什么呢？谁能说一说？"正如所期待的那样，学生回答了所提的问题："我们要数数、解题。"

女教师肯定地说："是的，算术课上我们要数数和解题。"

顺便说一句，前几节算术课②不仅要用来教学，还要用来了解学生已经知道了哪些知识。讲到这里女教师会连续请 10 名学生起来，了解他们的数字知识。女教师随意展示一些有大写数字的图片并让学生说出每个数字，之后在有学生名单的练习册上做记号。

---

① A. C. 普乔柯、Г. Б. 波利亚克：《算术（小学一年级教科书）》，莫斯科：教育书籍出版社 1962 年版。

② 我们在这里及之后的叙述中都会摘引一些上课的情形。但这并不是在规定上课进度，引用只是为了将我们算术教学的观点具体化。

弄清学生已经掌握了哪些知识和技巧是非常重要的。现行的教学法通常假设孩子入学前是没有学过任何知识和技巧的，这种做法是错误的。了解学生已经掌握了哪些知识，女教师可以据此开展相应的教学工作。

一开始就弄清楚学生已知道哪些数字很有意义。因为接下来就要跟学生讲解数字，如果很多人已经知道，那么主要任务就要督促其余学生尽快赶上。这样就奠定了继续进行算术教学的基础。

了解学生掌握多少数字知识后，女教师说："同学们，数数在我们的日常生活中非常重要。在以后的课中我们将逐渐了解：什么是数数，什么是数字，为什么需要它们。现在我们就开始学习这些知识。"

女教师挂出画有李子、樱桃和其他东西的几幅画，图中物品数量差距很大（例如：9个和4个）。女教师说："如果我们不会数数，不知道数字，关于这幅画可以说些什么呢？"（这幅画上有很多樱桃，而另外一幅上很少。）之后女教师又展出画有7个和2个樱桃的两幅画，接着问道："关于这幅画又能说些什么呢？"（樱桃很多。）"那么这幅画呢？"（樱桃很少。）女教师继续说："你们看，展示的图不一样（指向9个和7个樱桃），但我们所描述的话语却相同——'很多'，而关于这两幅画（指向4个和2个樱桃），我们除了说'很少'就很难再说什么了。"

之后女教师接着说："为了回答每幅画上有几个樱桃这种问题，我们应该做什么呢？"（应该数一数它们）谁能数一数它们？

会数数的孩子就在数数，而女教师在每幅画下面都标出相应数字然后说："你们看，数完以后我们就能回答每幅画里有几个樱桃这个问题了，我们可以说：9、7、4、2。这就是数字，9、7、4、2这些都是数字，还有其他一些数字我们以后还会讲到。"

在了解几名学生数字知识的掌握情况后就下课了。

第二天在数学课上用另外几幅画将樱桃数量进行对比，学生回答以后女教师仍在每幅画下写上数字。

可以看出，这两节课已经了解了什么是数数，而且很显然不是用一般定义的方法，而是在理解了数数的功能和作用后明白了这个问题。在这之后，也就是用10以内的数字来说明什么是数以后，就可以讲数的运用了。同时现在也是弄清该年级学生已经掌握了哪些数字表示法的最佳时刻。女教师说："我会逐个叫你们起来讲讲所知道的数字。"她陆陆续续请一些同学起来，一边听他们回答，一边在练习本上做记号。

女教师说："现在我们学习数字的运用。你们的课桌上有一些小圆环，我说一个数，你们就拿出相应数量的小环然后放在一边。"

之后女教师在黑板上连续挂出画有不同数量樱桃的画（8、6、5、3、1）并指着不同的画说："现在你们每人都在桌上摆出跟画中樱桃相同数量的小环。"

在以后的课堂上继续类似的工作并开始学习数字的书写。

后来（可能在第六节课）女教师说："你们已经数过画上的樱桃，摆过小环，学会了数字的运用。现在你们能大概讲讲所知道的最小数字了。"（1）紧接着她又说："稍微更大的数呢？"（2）"再接下来呢？"（3）……

女教师提问："谁能数到9？"接着她对一名学生说："你来数吧！""还能接着往下数吗？"在得到肯定地答复后女教师说：

"你能数多少就往下数多少。"之后她又连续请 9 个同学从 1 开始，看每个人能数到多少，并在自己的练习本中标记了每位被叫起的同学能正确数到哪个数。

此时用直接数数的方法来了解学生已掌握了哪些当面数数的技巧是非常有意义的。因为儿童已经明白了什么是数字和数数，这样就不再是机械地复述数字而是复述数列，对其实质儿童已在某种程度上有所了解。

然后可以让儿童认识相邻两数之间的相互关系，这是非常重要的。因为自然数列并不仅仅是个别数的某种排列，数列中的每个数都与其直接相邻的数在值上有一定联系，应该让小学生了解它们。我们建议按下列方式来做：

女教师说："现在让我们数到 9。"她按由小到大的顺序将分别画有 1 到 9 个樱桃的 9 幅图挂出来，并在每张图下标出相应的数字。接着她说："我们已知道最小的数是哪个了，现在请大家说出来！（1）比它稍大的数是什么？（2）以后的下个数是什么呢？（3）谁能讲一讲，每个后面的数比前面的数大多少呢？例如，3 比 2 大多少？"

对其他几组相邻的数，比如：7 和 6、4 和 3 等，女教师提出了类似一些问题。

女教师继续说："现在我们按顺序来比较这些数，看每个后面的数比前面的大多少。"依次比较 2 和 1、3 和 2、4 和 3 等一直到数列最后一个数，也就是 9。如果不借助图片儿童就能进行比较，那么就不用看图。如果没有图片就不能比较出结果，那么就让儿童重新数一数相邻两张图片上的樱桃，利用图片来弄清：后面一个数比前面的大多少？

第二天女教师在黑板上写下 1～9 的数列，然后说："上节课我们比较了相邻两个数，你们有了解什么吗？"（每个后面的数比前面的大 1）她继续说："现在你们能回答这样的问题吗，即从 1 数到 9 说明了什么？"（意味着要说出这样一些数，使得每个后面的数比前面的大 1）。

女教师肯定地说："对的，是这样。我在黑板上（指向黑板）写出一串数，其中每个后面的数都比前面的大 1 个单位，关于这个数列（女教师指着 1 到 9 的方向）我们能说些什么呢？如果我们从 1 开始数，每个后面的数是变大还是变小呢？"（变大。）

如果每个数都用小方块堆成一摞，你们就能看得更清楚了——瞧，就像这样（女教师在黑板上画出一摞一摞的小方块：有用一个叠成的，有用两个叠成的等等）。每个学生也在课桌上叠小方块（不一定非要叠到 9，可以叠到 5 或者 6）。

之后女教师在黑板上画出到 9（包括 9）的剩下几摞，在每一摞下面都写出相应的数字，这样就得到一个数字列，它能直观地展现出：数在逐渐变大。女教师将儿童的注意力集中到这一点上。

下节课讲彼此相邻的两数逐渐递减的相互关系。女教师说："我会再次画出一摞一摞的小方块并在其下面标上数字（她画出 9 摞小方块并在每摞下面写上相应的数字）。"紧接着她又说："我们从 1（指着 1）开始看，可以发现数在逐渐变大，每个后面的数比前面的大几呢？"（大 1 个单位）"现在我们从 9（指着从 9 到 1 的方向）这个方向看，数字 8 比数字 9 大还是小？"（小）"小多少？"（小 1）对 6 和 7、5 和 6 这些数女教师提出了相同的问题。她继续说："从 9 往这个方向（指着）看，数是增大还是

变小?"(变小)"每个后面的数比前面的小多少?"(小1)

只有当学生理解了数列内各数之间递减的相互关系,倒着数数才有意义。女教师为了解学生是否能够将他们顺着能数出的那些数倒着数,逐一把学生叫起来。同时为了确认是否全部学生都会倒着数,在之后的几节课中会继续考查学生的这种能力。

之后在学生的意识中对数的概念进行深化是非常重要的。这是指相同的数可以表示一定数量的任何东西。可以按下列方式来操作:

女教师挂出一些画有相同数量(例如:6)的不同物体(比如:气球、李子、小旗、花朵等)的图片并且提问:"有多少气球?(6)多少李子?(6)多少小旗?(也是6)可以看出,东西是不一样的,但它们的数量是相同的——6。"女教师在所有图片下划了一个大括弧并写出数字——6。

女教师继续说:"关于数字你们已了解很多了。同一个数,比方说6,可以表示一定数量的不同物体。但是想用同一个数表示不同的物体,那这些物体的数量必须是相同的。"可以让学生分别想几个数量相同,但物体不同的例子。

以上几节课都是为了解自然数列和数列内各数之间相互关系这一目的而服务的。现在可以讲讲加减法的学习。

在讲这部分内容前首先必须要弄清,为什么研究的是1~9(包括9),而不是按现行的教学法规定的那样研究1~10。

我们在这一阶段的算术教学中将10排除在外不是偶然的。因为数字10是一个两位数。这里出现了新的数位——十位。

新数位的出现是一年级算术学习的转折点之一。它需要专门和详细地探讨。因此可以说,如果没有将学生的注意力专门集中到 10 和个位数的本质区别上，就不要随便引用这个数字。在这个问题上，传统教学法与我们所提倡的教学法有着很明显的不同，这也就是为什么我们专门提一下这个问题。将数字 10 纳入 10 以内的算术学习，这是传统算术教学的基本内容之一。在这种教学中几乎不提学生的认识方面，可以说，它所讲的只是训练学生的一些技巧，而没有让学生了解这些技巧的原理。

在本书第一章我们已强调过，从一开始就应当重视教学的认识方面，即理论知识方面。这是安排 10 以内数字学习的指导性原则。

在学习加减法时引入数的构成是完全恰当而且必要的。数的构成在现行的算术教科书中也有所提及。比如，给学生布置的作业有：可以用哪些不同的方法来摆放小木块？还提到了课本中的图片，比如说，将图上的 4 个李子或者 5 个核桃用不同的数的构成来摆放：3 个和 1 个李子，2 个和 2 个李子。3 个和 2 个核桃，4 个和 1 个核桃等等。但是，在现行的算术教科书中数的构成与加减法的学习是脱节的。加减法是一回事，数的构成又是另外一回事。

我们坚信，加减法的学习，这是一个方面，运用数的构成，这是另外一个方面，这两者应该是紧密联系、不可分割的整体。

关键是要把某个数看作是包含了两个别的数（数的构成）的数或者是两个被加数的总和。这同样适用于减法的学习。因此加法和减法口诀表是在将某个数看作总和的框架内编制的（例如：$3+2=5$，$4+1=5$，$5-2=3$，$5-1=4$ 等等）。

我们认为，不给儿童讲解相应的术语（加法、减法、算术运算、和、加数等）就学习加减法是不对的。这又一次体现了只训练技巧而不对其做出理解的那种教学方针。

上面我们提到了加减法学习与数的构成之间的相互关系，还提到了术语和定义的问题。

但是，如果从学生发展的角度看算术教学，那么会无法避免地产生一些问题。在普乔柯和波利亚克为一年级学生编写的教科书中，在学习数字 5 时就已引用了等号。但无论是一年级还是在以后，甚至在整个小学教学期间都没有将相等与不相等这两个概念进行对比。因此儿童已习惯了还不理解等号所表达的含义就运用这个符号。

应该让学生特别注意什么是数或数值的不等。只有与不等进行了对比才能掌握"相等"这一概念。

基于这个原因我们建议在学习 10 以内的加减法前先学习"不等""大于"和"小于"的概念。可以按下列方式来进行：

女教师说："我们在学习 1～9 的数列时，关于每个后面的数与前面数的关系是怎么说的？（每个后面的数比前面的大 1）请举出一些例子。（8 比 7 大 1，7 比 6 大 1 等。）可以用符号"＞"来表示一个数比另外一个数大。（女教师将这个算式写在黑板上，然后又将它擦掉。）现在请每个人在本子上写出 8 大于 7。"

学生们听写。教师千万不要将算式写在黑板上，也不用叫学生上黑板写，不然就变成纯粹的抄写了。教师说："现在请每个人在本子上写出 7 大于 6。"

按相同方式，儿童用别的数字来练习写这种关系式：5＞4、9＞8、3＞2 等等。

女教师说："你们先写出 8 大于 7 和 7 大于 6。"然后她在黑板上用相应符号写出来，并用两端有箭头的弧线将 8 和 6 这两个数字连起来（8>7、7>6），你们既然已经知道 8 大于 7，而 7 又大于 6，那么 8 比 6 大还是小呢？"女教师用教鞭沿着弧线从 8 指向 6。（8 大于 6）

按同样的方式，用其他一些数：4>3、3>2 等做出结论。

接下来几节课可以用相同方法来讲"小于"这个概念。将"大于"和"小于"这两个概念进行对比。儿童能清楚地了解它们是互反的关系。（8>7 也就意味着 7<8 等。）

在下一节课要让学生了解什么是相等。可以按下列方式来进行：

女教师说："同学们，你们先写出 8 大于 7 和 8 小于 9（女教师在黑板上用相应符号写出算式），我们能写 8 大于 8 或者 8 小于 8 吗？（不，我们不能）是的，不能这么写。我们只能说：8 等于 8。写的时候要用到'＝'这个符号（女教师在黑板上画出这个符号）。这是等于号。8 等于 8 我们可以写成 8＝8（女教师在黑板上写出这个算式，而学生将它写到练习本上，之后听写其他相等的一些数：6＝6、5＝5）。"

正如前面提到的，我们坚信，算术教学从一开始就应该与代数和几何的基础知识联系起来。

为了使儿童更加深刻和全面地理解数值之间的相互关系以及数值的运算，在一年级就必须要引进几何的某些基础知识。这对学生的发展和他们数字的学习都有很重要的意义。

从"直线""线段"的概念开始学习是最合适的。

为了演示直线，可以将一根细绳绷紧。如果绳子没有绷紧，那么就会得到一个曲线。

这个办法有助于学生明白：两点间只能画一条直线。而曲线是想画多少有多少（如果绳子绷得越来越松，那么两点间就会有愈来愈多的曲线）。

在弄清什么是直线，以及直线和曲线有什么区别以后，可以让儿童在教室里寻找各种直线（讲台、课桌、黑板、练习册和书等一些物品的边沿）。

直线可以从这头或那头无限延伸（在黑板上画出……——……）。而两端限定的部分直线叫作线段。

通常线段可以用表示其两端的字母（A—B）标出。

进行一些实验性工作：借助直尺画出线段；测量线段（使用有厘米刻度的直尺）；画出给定长度的线段（比如：3厘米、7厘米、5厘米）。

相等和不等的线段。如果一些线段能相互重叠并使其两端重合，那么可以称这样的线段为相等线段。

具体做法如下：先拿两条长度相等的细绳，再拿两条长度不同的细绳。将一条细绳尽可能地绷紧，将其两端固定住，然后把另一条细绳的一端与第一条细绳的始端合在一起并固定住。如果第二条细绳的另一端与第一条的末端相重合，那么它们就是相等的线段。反之就是不等的线段（一条线段比另一条长）。

通常借助圆规来对线段进行加和减。如果没有圆规则可以根据几何教学法中所提的相应变化法，即利用练习本的小格子来加减。

儿童根据教师布置的作业来画线段 AB（例如：5 小格）和 CD（例如：4 小格）。然后以练习本的一条横格线作为直线，在它上面做加法：在这条直线偏下一点截取线段 AB，然后从这条线段另一端沿着同一方向截取线段 CD。

线段 AB 和线段 CD 的和就是线段 AD。

AD＝AB＋CD

为了得到线段 AB 和线段 CD 的差，应当在长线段（AB）的一端开始截取稍短一条线段（CD）。那么长线段剩余的部分（DB）就是这两条线段的差。

第二节　了解十进制计数法及其计算方式

与其他课程的教学一样，我们在算术教学中也实施实验教学的原则。因此，在算术教学中了解所学材料及其学习深度这一问题就很明显地突显出来。

怎样在算术教学实践中解决这些问题呢？我们在之前讲 10 以内数字的学习时已做过部分说明。现在我们继续探讨这一问题。

从 10 以内数的学习向 20 以内数的学习过渡时，关键要让儿童理解：10 既是十个 1，也是一个 10。但对孩子们来说最大的困难也在这里。我们不应回避这个困难，相反，应该指导孩子逐步克服它。

小学生的理解具有片面性，对他们来说，数字 10 要么是十个 1，要么是一个 10。因此，如果我们的教学能使一年级学生在根除这种片面性上哪怕向前迈出一小步，那么也必定有利于学生真正的智力发展，尤其是他们抽象思维的发展。

特别注意的是，从值的角度来分析数字是十分重要的。

算术的基础在于计数法。学生逐渐了解计数法，这为理解运算的数学本质奠定了牢固的基础。

　　除了想出一些新的教学法，对已知的教学法进行相应的变革，也能促进这一构想的实现。例如，在学习加法时可以不用新的教学法，而是利用平常的方法来让学生理解运算的十进制。

　　与此同时，根据上述方针来学习算术运算对学生的普遍发展很有好处。如果学生能在其所达到的水平上理解他们掌握的运算原理，那么运算的学习就会在一定程度上促进他们的普遍发展。如果学生是通过多次反复的练习来学会某种运算，而不能理解运算的逻辑，尽管这也为运算技巧的形成带来一些好处，但却不能促进学生的普遍发展。

　　最好采用一些教学实践中非教学法参考书所推荐的，但却能帮助理解数值的计算方法。

　　我们来援引一段课堂记录。

　　"要求用 12 减去 4。学生来解释怎么做这道题：数字 12 由一个 10 和两个 1 构成。我们先不管两个 1。从一个 10 中减去四个 1 就能得到 6。然后将两个 1 加上。这样就能得到八个 1。"

　　上述课堂记录表明，儿童采用的是下列计算方法：先将被减数分解为十位数和个位数，之后从 10 中去掉减数。

　　这种减法的特点就是学生将数字分解为数位。这有利于学生思维的发展，促进他们数学水平的提高。同时为学生能够在表面看起来完全不同的计算操作中抓住共同点创造了有利条件。

　　这种减法能使学生清楚地认识到一个 10 和十个 1 是等值的，并且还能深刻地理解这种等值性。这与后面教学中会出现的"化为小数"的概念很像，也就是用十个低数位的 1 来代替一个高数位的 1。

在儿童开始做 100 以内加减法时引进"竖式"解题法，也就是个位对个位，十位对十位，是很有好处的。**解题的过程就包含了从加数（二位数）中分解出十位和个位。**[①]

我们用 35＋47 这道题的解法来说明。当学生习惯竖式解题法后，他们的解说如下：我将五个 1 加上七个 1 得到 12，或者说得到一个 10 和两个 1。把三个 10 和四个 10 加起来得到七个 10，这时加上刚刚得到的一个 10 总共有八个 10 和两个 1，也就得到数字 82。

按照这个思路还可进行减法运算。

在学习 100 以内的乘法、除法时，仿照用低数位的十个 1 来构成比它高一位的一个 1 的推算方法，学生立马能掌握"竖式"和"角式"的笔算方法。

我们来引用一段课堂记录。

学生按下列方式来解释 6×16 这道题的做法。安德柳莎回答说："数字 16 由一个 10 和六个 1 构成。首先，我们把个位数相乘 6×6＝36。我们在个位数下写 6，在大脑中记住三个 10。将一个 10 和 6 相乘得到六个 10，加上刚刚记在脑子里的三个 10，现在总共有九个 10。九个 10 和六个 1 组成了数字 96。"

这里实行的依然是从第一学年就贯穿于算术教学的原则。做乘法时学生先计算个位数，后计算十位数。当得到的数大于低位的十个 1 时，这时就将它们转化为高一位的相应个数。

115

———————————

① 众所周知，在传统算术教学法中，直到三年级学生学习 1000 以内的数的运算时，才开始使用竖式。

我们认为，在算术教学中，如果学生进行算术运算时能发现各种不同情况是非常有意义的。①

为了说明该如何实现这种教学观点，我们来引用一段课堂记录。

上课时女教师向儿童提问："两数相加可分为哪些情况?"孩子们轮流回答了这个问题。

列尼亚：将一个有个位数的数和一个没有个位数的数②相加。例如，30 加 25。

瓦利亚：将一个有个位数的数和另一个有个位数的数相加。例如，35 加 47。

热尼亚：有时一个数没有个位数，另外一个数也没有个位数。

女教师：应该怎样称呼这样的一些数相加?

热尼亚：整十位数相加。

维　佳：我们把有十位数，也有个位数的两个数相加，但得到的结果是一些整十的数。例如：28＋42。

女教师：请举出与这种加法相同的其余例子。

米　沙：25＋25。

鲍利亚：15＋45。

---

① 遗憾的是，在教师所用的教学法参考书中（例如，在 A. C. 普乔柯、Г. Б. 波利亚克、Н. В. 阿尔汉格利斯卡娅、M. C. 娜希莫娃的参考书中）对这种比较并没有加以重视。

② 更准确的说法是"……一个个位为零的数"。孩子们在本节课以后的回答中也会遇到同样问题。

萨　　莎：36＋54。

萨　　莎：74＋36。

女教师：萨莎，最后这个例子得出的和是多少？

萨　　莎：和超过 100 了。

女教师：还有哪些两数相加的情况？

萨　　莎：有时将只有个位数的数和一个整十位数的数相加。

另外还有，可以将二位数与一位数相加。

亚罗斯拉夫：将一个一位数加到另一个一位数上，得出的和

不会超过 10。

维　　佳：有进到十位数的。

在进行别的算术运算时，利用这种对比是很有好处的。让我
们来援引一段课堂记录：

女教师在黑板上写出 80－6 和 80－57 两道题然后说："请仔
细看看，将这两题进行比较。它们有什么共同点？"

伊　　拉：它们的第一个数是相同的。①

亚罗斯拉夫：这两题都是减法运算。

女教师：第一题和第二题中都是从什么数中减去的？

伊　　拉：从没有个位数的二位数中减去的。

女教师：这两题有什么区别呢？

维　　佳：第一题减去的是一个只有个位数的数。而第二题减

———————————

① 更准确的说法应该是："它们相同的地方在于各有一个同样量的整
十位数。"

去的是一个既有个位数，又有十位数的二位数。

然后学生开始做这两题并解释做法。第二题的解法如下（尤拉回答的）：

我将数字 80 看成是七个 10 和十个 1。从十个 1 中减去七个 1 得到三个 1。再从七个 10 中减去五个 10 得到两个 10。两个 10 和三个 1 构成数字 23。同样的方法可以适用于第一题的解法。

之后女教师提问，第一题和第二题在解法上有何区别？亚罗斯拉夫回答说："我们在第二题进行了更多的运算。"女教师问："为什么？"亚罗斯拉夫解释说："因为第一题减去的是一位数，只需个位相减。"

将不同的题目及其解法进行对比，这有利于学生理解算术运算的逻辑关系和特点。

如果按小学教学法参考书①所建议的那样去做，即仅仅让学生掌握计算方法，弄清做题过程，那么就会错过极大促进学生发展的好时机。学生掌握了一些计算方法却不深入了解其实质，基本上这就相当于只学会一些计算方法而很少对其进行思考。

与此同时，对学生来说观察同一种算术运算中不同习题的异同点及其解题过程，这是一项有益的智力活动。我们并非像传统小学教学法所固有的那样去片面强调对计算技巧的训练。计算技巧的形成要与对数和算术运算特点的理解紧密联系起来，这种理解在算术教学中是至关重要的。无论是观察数与数之间的相互关

---

① H.B. 阿尔汉格利斯卡娅、M.C. 娜希莫娃：《二年级的算术课教案》，莫斯科：教育书籍出版社 1958 年版。

系还是思考怎样用具有代表性的方法来进行算术运算，这些都是为了学生的发展而服务的。

第三节　理解算术运算的各种关系和关系式

现在我们来探讨下一个问题——理解算术运算的相互关系。

传统的小学算术教学法没有给予这个问题足够的重视。例如，参考书的编者们对乘法和除法是同时学习还是分开学习这个问题的态度就说明了这点。在普乔柯编写的教学法参考书中没有对这个问题作任何阐述。对于分开学习和同时学习这两种方法的优缺点也没有作任何分析。参考书的作者仅笼统阐述了自己的观点："乘法和除法既可以同时学，也可以分开学，即先学乘法后学除法。但最好还是将这两种运算分开学"。① 因此普乔柯更倾向于分开学习乘法和除法。可惜的是，他仅发表了自己的观点却没有去论证它。

在阿尔汉格斯卡娅、娜希莫娃编写的参考书中计划用 20 节课来学习 20 以内的乘法（其中有 3 节课用来复习），之后用 16 节课来学习 20 以内的除法，但是关于这两种运算的对比该书中并没有提及。

其实，同时学习乘法和除法，这就跟同时学习加法和减法一样，对学生数学思维的形成十分重要。只有弄清了算术运算的互

——————————

① A. C. 普乔柯：《小学算术教授法》，莫斯科：教育书籍出版社1953 年版，第 185 页。

逆性才能理解它们彼此内在相互关系中的不同要素。

综上所述，在一年级的算术教学中应当同时学习相关的一些算术运算。

因此早在二年级就完全可以学"竖式"乘法和"角式"除法。但根据传统的教学法，这些算术运算方法直到三年级才会出现。这里我们所依据的是之前阐述过的那些基本原理。

与"横式"做法相比，用"竖式"做乘法和用"角式"做除法能更清晰地理解乘法和除法间的互逆关系。与此同时，这里将继续并深化理解十进制计数法和数位与数位之间相互关系的工作。

算术能使儿童了解不同数学现象的特点及产生这些特点的共性。与其余课程，比方说自然课不一样，算术课有着自身的特点。在观察自然界的各种事物时，儿童能抓住每个事物的特点，并且根据直接感知的直观特征将这些事物进行统一分类。但在发现一些数学现象的特点并对其进行概括时，学生是用抽象思维来思考的。

因此，在教学安排得当的情况下，算术能训练学生的抽象思维，使得他们无需借助直观形象就能了解各种现象的特点及其共性。

这里关于术语的问题我们要提一下。根据传统教学法，三年级以前是不讲术语和定义的。这种做法是不恰当的。[①] 术语的掌握有利于学生从运算中遇到的某些数中引出抽象的概念，并概括

----

① 根据 A. C. 普乔柯、Г. Б. 波利亚克编写的教科书，学生开始学习三位数的乘法时才跟他们讲以上术语。（参阅 A. C. 普乔柯、Г. Б. 波利亚克：《算术（三年级教科书）》，莫斯科：教育书籍出版社 1962 年版。）

出算术运算每一组成部分的特点。

根据传统的算术教学法，运算结果对各组成部分变化的依赖性并非小学专门研究的对象。这部分内容要到五年级才会被提到。例如。在五、六年级的算术教科书中有一章叫作《已知数的变化决定运算结果的变化》[①]，在该章节中列举了几个例子然后得出结论："两个加数中一个不变，而另外一个增大若干，那么其和也会增大若干。"同理可得出与和、差、积、商相关的一些结论。

我们不赞同到五年级才学习上述材料，因为这部分内容在小学就可以而且应该被学习。观察运算结果对各组成部分变化的依赖性，这有助于思考数与数之间存在的"连锁"变化，有助于大大促进学生理论概括的进步。学生坚信，无论算术运算中用到的是哪些数，这种联系都是必然存在的。与此同时，学生还意识到这种联系的必然性（比如，两个加数中一个数增加 9，而另外一个数减少 3，那么这两数的和必定会增加 6，而且只会是 6）。

我们的经验表明，儿童在二年级就能观察并理解这种依赖性。

我们来引用一些相关课堂记录。

女教师：如果两个乘数中的一个变大，那么它们的积会有什么变化？

鲍利亚：积也会变大。

① И. Н. 舍甫琴科：《算术（八年制学校五、六年级教科书）》，莫斯科：教育书籍出版社 1962 年版，第 44 页。

女教师：如果两个乘数都变大呢？

尤　拉：积变大。

女教师：与两个乘数中只有一个变大相比，这时的积会更大吗？

尤　拉：是的，积会更大。

女教师在黑板上写：

$5 \times 6 = 30$　　　$7 \times 6 = 42$

女教师：我们把第一个算式中的第一个乘数增加 2，那么积也就变大了。在该题中我们看到了鲍利亚所讲的：积变大（女教师在黑板上写：$7 \times 9 = 63$）。与前一种情况，也就是只将一个乘数变大相比，现在的积更大（63 和 42）。现在我们将两个乘数都增大若干倍（在黑板上写：$3 \times 4 = 12$，$6 \times 8 = 48$）。亚罗斯拉夫，你来说说积会怎么变化？

亚罗斯拉夫：积会增大到 4 倍。

女教师：为什么？

亚罗斯拉夫：因为我们将两个乘数分别增大到 2 倍。所以积也就增大到 4 倍。

女教师：假如只将一个乘数增大到 2 倍呢？

亚罗斯拉夫：那么积会增大到 2 倍。

　　观察算术运算中各组成部分的连锁变化，这有助于理解所学材料各部分间内在的相互关系。

上课时女教师提出下列问题："如果被除数减少到几分之一，那么商有什么变化？"被叫起的学生给出正确回答后，教师让学生继续列举几个这种相互关系的例子。列利亚举了这样一个例子："$10 \div 5 = 2，5 \div 5 = 1$"。

还可以借助别的方法来理解算术运算中的依赖性。一开始女教师不要求抽象地回答问题，而且让学生注意，如果两个组成部分中的一个按一定方式发生了变化，那么会有什么情况发生。

女教师：科利亚，你来讲讲，如果我们将除数减少会发生什么变化？

科利亚：可以举这样一个例子：$30 \div 6 = 5$。现在将除数减少——$30 \div 5$，结果得 6；除数再次减少——$30 \div 3$，商是 10；$30 \div 2$，结果得到 15。

女教师：关于这个你能说些什么呢？

科利亚：除数越小，商反而越大。

由于在这方面进行了比较细致的对比，儿童能更加深刻地了解算术运算中各个数的相互关系和这些运算的解法。例如，三年级时要求学生对比 $537 + 249$ 和 $537 + 242$ 这两题。女教师会提问："与前面一题相比，第二题的计算特点是什么？"

还有其他一些服务于这类目的的例子。在三年级某节课上有这样一道题：$258 + 321$。女教师问道："这题中的两个加数怎样变化才能在相加时使得出的每个位数都大于十个 1？"

在三年级另外一节课上给出这样两道题：$683 + 741$ 和 $683 + 759$。布置的作业是：不用加法运算就回答哪题的和更大以及大多少？儿童给出答案后要求他们解释原因，即解释一下，他们是以加法的什么运算特点为依据的。

算术教学中要特别注意某些数相互关系的等值性。学生在一年级学习数的构成时就应当开展这项工作并且在以后用各种越来越复杂的形式来继续。

某节算术课上学习乘法和加法的相互关系，儿童在以前就通过更为简单的方式了解过它们了。女教师提出问题："加法运算是否总是可以用乘法来代替？"针对这个问题需要对比两种情况：一种情况是所有加数都一样；另一种是所有加数中有一个与别的不一样（7＋7＋7＋3＋7＋7＋7）。孩子们说："第二种情况不能用乘数来代替加数，因为这里并非所有加数都一样。"女教师这时提问道："那可以用更简单的方法来解这道题吗？也就是不将六个数逐个相加。"孩子们提出各种方案来更简单地解这道题。娜塔莎的方案是 $7 \times 6 + 3$，伊戈里的方案是 $7 \times 7 - 4$。

伊戈里的方案代表了数字运用的更高水准，它与娜塔莎所提的方案有着本质的区别。娜塔莎把"现有的"所有 7 合起来，用乘法来替代几个 7 的加法。而伊戈里在现有的数列中"看到了"实际上并不存在的另外一个 7，这个 7 代替了 3。因此将这题中的所有数字纳入乘法范畴就变得有可能。

伊戈里想出的办法特别好，因为在他的头脑中提出了一种假设（假设用 7 代替 3），这种运算方法是思维发展最重要的组成部分之一。它参与了证明、论证和其他类型的推理思维。这种运算方法是了解数的特性及运算，有意识地掌握习题解法和计算技巧等最有效的手段之一，这点已毋庸赘述。

应该专门讲讲在算术教学中运用直观教学手段的问题。使用哪些直观教具，它们在不同算术课上的地位如何，怎样利用直观手段等都非常重要地决定了算术学习对促进学生发展的作用。

有时教学法参考书的编者会提醒大家在算术教学中不要过度迷恋直观性。例如，波利亚克在其教学法参考书中说："在教学中应该避免过分迷恋运用直观性。因为这会对儿童的智力发展起阻碍作用，耽误他们从具体计数过渡到抽象计数。"[①]

然而这些都讲得太过空乏，人们依然不知道，"过分迷恋直观性"这种让人捉摸不透的表述到底是指什么？在实践中是这样运用直观性的：在三年级的教科书中，甚至在学习多位数的除法时还经常提到一捆一捆的小棒。

例如，"600 是 200 的几倍？"这个问题就是用图片来说明的。在图中将 6 捆小棒（每捆 100 根）画成每摆 2 捆的 3 堆。[②]如果还必须借助小棒来学习多位数的除法，那么又怎能转向抽象计算的学习呢？

· 125 ·

在阿尔汉格斯卡娅、娜希莫娃编写的参考书中对二年级的算术教学是这样建议的：每节课学习任何问题都要用到直观教具（小圈、小棒等实物）。例如，两位编者建议按下列方式来学习除以 3 的除法（参考书中把这课叫做"加深整除的概念"）：

1. 为了讲除以 3 的除法，教师让 12 名学生在全班面前站成一排，然后将他们按每组 3 人进行分（除）组。

---

① Г. Б. 波利亚克：《小学算术教授法》，莫斯科：教育书籍出版社 1959 年版。在 А. С. 普乔柯：《小学算术教授法》，莫斯科：教育书籍出版社 1953 年版，第 28 页中也有类似指示。

② 参阅 А. С. 普乔柯、Г. Б. 波利亚克：《算术（三年级教科书）》，莫斯科：教育书籍出版社 1962 年版，第 98 页。

分组时教师边提问，学生边回答。

——这排共有多少学生？（12 名学生）

——我们是如何划分这些学生的？（分成三组，每组 4 人）

——总共有几组或者说，有三人一组的几帮人？（4 组或 4 帮）

2. 紧接着教师在黑板上画 15 个小圈，每 3 个一组。划分和计算的结果写成：

15 个小圈÷3 个小圈＝5

3. 之后学生开始用小棒，然后又用画图的方式来完成老师布置的关于除以 3 的作业。

——每组 3 根，9 根小棒可以分成几组？每摞 3 根，15 根小棒可分为几摞？

——画 6 个小圈。每 3 个一堆，可分为几堆？[①]

接着用习题集中的插图来做题。用小圈来编 3 的除法表（教师在黑板上画一些大圈，然后相除，填表，学生在自己的练习册上将这些抄下来。）

教师在黑板上画一条长为 30 厘米的线段并将其分为每段 3 厘米的几小段，学生来数总共有几段然后起来回答。还可用相同方法来处理 12 厘米长的小带子。之后做带图的一些题目。

上述两位编者建议在以后的算术教学中也要贯彻同样的精神。例如，在二年级的课程中对两种除法进行比较，用化为一个单位的方法来解题，对比"把一个数增大到若干倍和增大若干

---

① H. B. 阿尔汉格利斯卡娅、M. C. 娜希莫娃：《二年级的算术课教案》，莫斯科：教育书籍出版社 1958 年版，第 65~66 页。

倍"的概念，解释乘法的交换律特点等都在利用实物或实物图、小棒、纸条等的基础上进行。

这种算术教学阻碍了学生的普遍发展，并在他们顺利掌握数字的道路上设下了路障。上述教学方法非但不能促进学生沿着抽象和概括的道路持续前进，反而人为地妨碍了思维的发展。

当然，这并不意味着算术教学中应当完全摈弃直观手段的运用。关键是什么时候用是合适的，什么时候又应该拒绝它。同时，确定使用哪些直观教具及弄清这些教具的用法也是相当重要的。

当然，直观手段对学习 10 以内的数及其运算是有益的。但即使在这个阶段也可以不借助直观教具而进行算术运算。一旦教师发现儿童能用抽象思维做题，这时就无须再使用直观教具了。例如，在讲解 10 以内数的构成时，儿童不用画有数字的图片或其他任何直观教具就能说出数的构成的各种方案。[①]

毋庸置疑，应该从数字构成的直观表象开始。应当用相关的直观形象来创造可以从直接感知的数与数的相互关系中引出抽象概念的条件。

我们以实验中的一些事实为例。我们实验班从一开始就不用直观教具来学习除以 5 的除法。

---

① 传统的算术教学法并不是这样做的。例如，一年级算术教科书（А. С. 普乔柯、Г. Б. 波利亚克，教育书籍出版社 1962 年版）规定，在 10 以内数的整个学习期间，要借助数的示意图、小棒、小方块、实物图等来学习数的构成。在 В. А. 伊格纳季耶夫、А. С. 普乔柯、Я. А. 绍尔的教学法参考书中，也要求按此类办法学习数的构成（《算术讲授法》，莫斯科：教育书籍出版社 1956 年版。）

女教师：请大家思考一下，数字 10 由哪两个相等的数构成？

热尼亚：由 5 和 5 构成。

女教师：将 5 扩大到两倍后是多少？

维　佳：是 10。

女教师：如果把 10 分成相等两份呢？

维　佳：每一份是 5。

女教师：你们还记得，我们用 5 等分的哪些数来构成数
　　　　字 10？

尼　娜：用 2，2，2，2，2。

女教师：对的。如果我们每次拿 2 个，总共可以拿几次？

维　佳：5 次。

女教师：如果每次拿 2 个，总共拿 5 次，可以得到几？

尼　娜：得到 10。

女教师：如果我拿了 5 次的 3，得多少？

热尼娅：得 15。

女教师：如果 15 除以 5 呢？

热尼娅：将会得 3。

　　女教师只在真的有需要时才会运用直观手段，她并没有把直观教具看作学习每个新问题的必要手段。儿童在掌握算术运算时感到困难了，这时就产生了这种需要。而这种困难尤其明显地体现在学生所犯的错误中。这些错误证明了学生在理解算术运算时有着不同程度的一些缺陷。

　　例如，在被我们引用过课堂记录的那节课中，有一名学生热尼娅不能抽象地回答："如果把 10 分成 5 等份，那么每一份是多

少?"的问题,这时女教师在黑板上很直观地将 10 分成 5 等分画出来。她一边标出(2)(2)(2)(2)(2)一边说:"第一份、第二份、第三份、第四份、第五份。"这里女教师所用的是数与数之间相互关系的示意图。

在一年级很多情况下要结合示意图和符号来使用小圈等类似教学实物。在二年级,尤其在这之后各年级应该完全摈弃使用小棒、小圈、小方块等直观教具,相反应使用上述示意图并逐步提高其重要性。

※　　※　　※

小学算术教学的全部内容①展示如下:

一年级

数和数数,它们的意义;数字。

数序;大小直接相邻的数之间的相互关系;顺数和倒数。

数的相等和不等;等号和不等号;"大于""小于"的概念及相应符号。

"测定重量"的概念;秤;公斤

实验性作业:过秤(各种重量)。

直线;线段;线段的相等和不等。

_____

① 曾在 1961～1962 学年和 1962～1963 学年内在加里宁市和图拉市一些学校的 30 个实验班中试验过这份教学大纲的一二年级部分。它的三年级部分曾在莫斯科第 172 学校中部分被试验过。

实验性作业：测量已知线段（用米、分米、厘米）；画一条已知长度的线段；用眼估计确定线段的长度并进行测量验证。

10以内数的构成。

加法：加数，和（术语）。

加法的交换律（定义）；这个规律用代数式表示的公式。

实验性作业：测量容器的容量（各种方案）。

减法；加法跟减法的联系（减法的有关定义），代数式表示的公式。

被减数；减数；差（术语）。

实验性作业：线段的加减，用两根直尺进行加减运算。

10以内的加法表和减法表。

两位数；位（术语）。

读数和写数。

两位数和一位数的相互关系（进位加法和退位减法）。

无进位的加法和无退位的减法。

零与零相加。

加法和减法的双重意义（增大和缩小若干）。

乘法，它相当于把一个数作为加数重复相加的运算，相加的次数与另一数相等。

实验性作业：将线段乘以整数。

乘数和积（术语）。

乘法的交换律（定义）；这个规律用代数式表示的公式。

乘以1的乘法。

除法，它相当于在有两个乘数的积和其中一个乘数的条件下求另一乘数的运算。

被除数；除数；商（术语）。

实验性作业：将线段除以整数。

20 以内的乘法表和除法表。

100 以内的数；读数和写数。

无进位的加法和无退位的减法（竖式演算）。

差数的比较。

实验性作业：测量实物（教室、课桌、书和练习本等等）的长度；相应的对比；使用卷尺。

进位加法和退位减法（化位）。

加法和减法的验证。

表内的乘法和除法。

直角；长方形；长方形的某些性质、长方形的面积及其周长。

实验性作业：按已知边作长方形；计算长方形的面积及其各边的和。

131

口头计算（在整学年内进行）。

二年级

100 以内的表外乘法和除法（竖式计算）。

乘法和除法的验证。

零的乘法和乘以零。

整除和分成几部分。

倍数的比较。

1000 以内的数；新位的出现；三位数和两位数的相互关系（加法和减法的有关情况）。

罗马数字。

三位数的加减法。

整数和分数；分数的分母和分子分数的加减法（最简单的例子）。

圆；半径；圆弧；圆心角；弧度和角度；量角器；锐角和钝角。

实验性作业；用量角器测角和画角。

时间单位；关于计时单位的换算的某些知识。

实验性作业：读出时间；计算（各种方案）。

在下列情况下，和的性质。给各相等的数加上相等的数；给各相等的数加上不等的数；给各不等的数加上不等的数。

差的性质（与和相减；从和里减去）。

俄式算盘；读出算盘上的数。

实验性作业：用算盘做加减法。

两位数和三位数乘以一位数。

三位数除以一位数带余数的除法。

长度单位演变的某些知识；长度单位表。

室外实习作业：测距离。

重量单位演变的某些知识；重量单位表。

实验性作业：测重量。

单名数和复名数；名数的换算——化大和化小。

算术平均数。

实验性作业：计算算术平均数

图表。

实验性作业：画图表。

正方形；正方形的某些性质。

面积的计算单位，乘方表。

求平方。

室外实习作业：测量长方形的草地。

口头计算（在整学年内进行）。

三年级

百万以内的数。

读数和写数。

位和节。

四舍五入得出的近似数。

乘以一位数和两位数的乘法；除以一位数和两位数的除法。

乘以三位数的乘法和除以三位数的除法。

运算顺序和括号。

方程式；解最简单的方程式。

正数和负数；数轴；相反的数。

实验性作业画曲线图（例如，温度曲线图）。

各种具体数的运算。

数量之间的最简单的依从性正比关系和反比关系。

实验性作业：画正比关系曲线图。

加法的结合律；它用代数式表示的公式；运用这个规律。

乘法的结合律；它用代数式表示的公式；运用这个规律。

乘法对于加法的分配律；它用代数式表示的公式；运用这个规律。

运算结果的变化取决于已知数的变化（总结）。

计算器：读计算器上的数。

实验性作业：用计算器计算。

各种进位的计算法；五进位制，它与十进位制的对比。

实验性作业从十进位制改为五进位制条件下，数的改造。

口头计算（在整学年内进行）①。

134

---

① 本教学大纲不包含应用题的解法，因为它需要专门去探讨。

第六章　劳动

在新的小学教学论体系的实施中劳动教学的地位非常特殊。大脑与手部活动的紧密结合是劳动操作的一大特点。因此这里将阐述教学中另外一个新的但极其重要的方面。

不应将劳动教学简单归结为对学生一定能力和技巧的训练。当然，这项任务非常重要，应当给予其应有的重视。但这里有一个很关键的问题：应当将劳动操作的学习纳入什么样的教学体系以及这种纳入对操作的选择，连续性和学习方法有着怎样的影响。

在现行的小学教学体系中，手工劳动与其他课程一样都被当作是五年级及以后年级学习的准备阶段。罗扎诺夫和扎维塔耶夫在他们共同编写的教科书中写道："小学的手工劳动是劳动教育和以综合技术教育为目的的学生教学的第一阶段。手工劳动是为五到七年级时在实习工厂和教学示范点进行实习做准备，是为以后在高年级将教学和生产劳动结合起来并学习生产的科学原理做准备。"①

毫无疑问，这些任务都十分重要。但就跟对其他课程一样，对手工劳动也有一个疑问：在小学安排劳动仅仅是为了这些吗？

在很多教学法参考书中都笼统地提过，手工劳动和其他学科一样，都是发展儿童智力和体力以及对他们进行道德教育的重要手段。②

同时还提到："应该慢慢引导孩子思考并集体讨论物品制作的顺序。弄清制作过程中需要哪些材料和工具及它们的数量。通过这样的方式来发展儿童按计划工作的能力。"③

上述观点不无道理。但关键是要在劳动教学过程中实现它们。可惜不得不承认的是，它们要么完全没有被实现，要么是很晚且不能从始而终的得到执行。

我们以在劳动课上教儿童做计划为例。在二年级制作班级收藏品的小标牌时，讨论完工作的顺序后教师在黑板上写下制作的先后次序，儿童根据这个计划来执行。

在制作装"蔬菜"的小盒子时也按相同方式来列出计划。④

乍一看可能觉得学生的独立性在课堂上得到了发挥，他们为

---

① И. Г. 罗扎诺夫、Н. А. 扎维塔耶夫：《二年级手工劳动课》，莫斯科：教育书籍出版社 1958 年版，第 3 页。

② И. Г. 罗扎诺夫、Н. А. 扎维塔耶夫：《二年级手工劳动课》，莫斯科：教育书籍出版社 1958 年版，第 4 页。

③ И. Г. 罗扎诺夫、Н. А. 扎维塔耶夫：《二年级手工劳动课》，莫斯科：教育书籍出版社 1958 年版，第 6 页。

④ И. Г. 罗扎诺夫、Н. А. 扎维塔耶夫：《二年级手工劳动课》，莫斯科：教育书籍出版社 1958 年版，第 44～47 页。

即将进行的工作安排计划，但如果深入观察并分析这样的上课进程，那么就能很明显的发现，这里儿童并没有在独立地做计划。正如上述参考书所说的，首先儿童讲出自己的观点。之后教师筛选出正确的答案并将它们依次写在黑板上。但关键应该让学生自己来论证所提的方法和先后顺序，并且在假设不成立时揭示其错误性。

在教学生做计划的教学法参考书中这点恰好没有被提到。参考书好的方面在于从一定程度上引导儿童对即将进行的工作展开讨论，但它却没有真正地去思考工作的过程。教师从大量对错掺杂的答案中进行选择，而学生根据教师写在黑板上的计划来操作，这其实就相当于教师在口述物品制作的各个操作程序，区别仅在于用写在黑板上的各种指示来替代口头指导每个步骤。[①] 当然，这种区别也有其积极的一面，但却不能从根本上改善劳动教学法。

上述教学法参考书两位编者的叙述证明了这点。请看用分发的材料制作装蔬菜小盒子的上课进程的描述："上课进程：教师先向儿童介绍这节课的计划，然后依次演示操作方法，在确信儿童听懂以后才让学生独立处理做小盒子的纸张，之后对其进行裁剪和粘贴。"[②] 可以发现，学生独立的成分是微乎其微的，而这样少得可怜的独立思考既很难有效促进学生的普遍发展，也很难使他们有意识地掌握劳动行为。

① 很多作者（M. H. 斯卡特金、Л. Я. 别连卡娅、E. П. 顿诺加娅等）都批评了分步骤劳动教学法和教师特殊"指点"的缺点。

② И. Г. 罗扎诺夫、H. A. 扎维塔耶夫：《二年级手工劳动课》，莫斯科：教育书籍出版社 1958 年版，第 62 页。

※　※　※

现行的劳动教学法很明显地突出了俄语、算术及其他学科教学法中所固有的那种特点：严重低估小学生的可能性，将熟记或掌握教师的话语作为主要的教学原则。

我们掌握的事实表明，在小学教学总体（其中包括劳动教学）按实验安排的条件下，二年级学生已经可以进行很多在传统体系条件下学习的同龄人所不能胜任的操作。

正如在以后的阐述中会看到的一样（见本书第八章），在对即将到来的工作进行规划这点上，与其他同龄人相比，实验班的学生有着很明显的优势。还有一些描述物品制作过程别的方面的例子也能说明这一点（布德尼茨卡娅的研究）。①

我们来简单讲讲在制作一个厚纸盒过程中对必要的半成品进行加工的能力。②

每个学生拿到一个样品甲，在必要时还会拿到一个样品乙。

与第一个纸盒（样品甲）的区别在于，第二个纸盒上（我们假定称之为样品乙）有一些由于折纸而形成的辅助线。这些线能引导学生找到完成任务的方法，而在第一个纸盒上是没有这些线

138

---

① 在《学生在教学过程中的发展（一、二年级）》一书中有对这项研究成果的详细说明。

② 实验班和监控班学生都是第一次制作纸盒。向学生详细分析任务时曾引用下列著作中的指示语：А. Д. 日尔基娜、В. Ф. 日尔基娜：《小学的手工劳动》，莫斯科：教育书籍出版社1958年版。

的。纸盒制作的全过程分为五个步骤：1. 做一个正方形 2. 折边 3. 裁剪 4. 叠成纸盒 5. 粘贴纸盒。

准备了一些已完成第一、第二和第三步操作的半成品。一号半成品是一个正方形（第一步操作），二号半成品是一个有折边的正方形（第二步操作），三号半成品是一个有折边且切口的正方形（第三步操作）。

学生的操作如下：每个人都发到了样品甲和一定尺寸的长方形厚纸一张，与此同时指示学生："仔细观察这个纸盒并做一个跟它一样的。"如果学生觉得有困难，那么可以给他一号半成品。根据需要逐渐地给他二号和三号半成品。

实验班75％的学生在仔细观察所展示的样品后就开始制作纸盒，不需要向他们提供半成品。这点很重要，它意味着学生观察了成品后就能想象出纸张的大小和形状。

这种情况下就突出了物品制作过程中一个很重要的因素，为了即将进行的工作必须要制作符合物体由于劳动操作而产生的特征的半成品。

监控班中绝大部分学生都不能做出半成品，这个事实表明了他们实际操作的发展水平。

工作结束后每个学生都讲讲自己是如何制作盒子的，这样就能判断学生对自己操作顺序的了解程度。

至于实验班，83％的学生不仅能讲出他们操作步骤的名称，还能正确指出每个步骤在一系列操作中的地位。由此可得出结论，实验班的学生能够理解自己所进行的操作。

做完盒子后柯利亚说："首先做一个正方形，之后将其对半折起，展开以后从另外一边也对半折。将这一面对准中间线折起来，另外一面重复同样的操作。这时将角上的小正方形裁下来，这两个顺一条线，剩下两个顺另外一条线。将所有小正方形表面都糊上胶水。然后将第一与第二个小正方形对准并折起来，另一条线上按同样方法操作。这时就得到了一个小盒子。"

监控班中只有40％的学生能正确口述出进行过的工作。在描述如何制作纸盒时该班大部分学生都漏掉了一些操作步骤。

作业完成的结果怎样呢？70％的实验班学生能做出完全符合样品的小盒子，而监控班中只有25％的学生可以做到。

值得注意的还有，可以将实验班和监控班学生完成作业所需的时间进行对比。可能有人会问："实验班学生高质量地完成了工作。这是否是由于他们所花费的时间更多啊？"绝不是这样的，与此相反，与监控班学生相比，该班学生完成作业所花的时间要少得多。平均每人所耗费的时间为：实验班是17分钟，而监控班是25分钟。

有趣的是，两班学生在制作纸盒所必需的技术性技巧水平上没有多少本质的差别。详细分析儿童的操作表明，所有学生都会做纸工作业，即大家都会折纸，按给定的线来裁剪和粘贴。两班的本质区别在于学生是否能够规划即将进行的物品制作工作，能否在任务完成过程中进行自我监控以及学生是否清楚地了解自己所进行的活动。在劳动作业完成过程中，在一些能说明儿童实践能力发展水平及一定程度上能说明他们普遍发展水平的共同环节上，实验班的学生有着很明显的优势。

总而言之，在能显著促进学生普遍发展的小学教学体系中完全可以这样来安排小学劳动教学，而这种安排在传统教学体系下被认为是行不通的。

※　　※　　※

应当遵循新小学教学论体系中所特有的原则来安排劳动（见本书第一章）。这里我们不再详细说明劳动教学的方法，而只讲一些与之前阐述中所提问题相关的一些实例。

下面来摘引一段相关的课堂记录（二年级第一学期）。

解释完学生将要制作的灯笼由几部分构成后女教师提问："我们要怎样做灯笼呢？"

鲍利亚：应该先做主体部分。将一张纸卷成筒状并粘贴起来。

热尼亚：应该了解下灯笼的大小尺寸。

女教师：好样的，热尼亚！

女教师：除了主体部分，还需要做什么呢？

科利亚：应该剪两个小圆。

女教师：将小圆整个地粘上去吗？

科利亚：留一点，将中间剪掉。

女教师：你要怎么固定它呢？科利亚说："剪个圆。然后将中间剪去。"（女教师在黑板上画出来），那要怎样把它贴住呢？

科利亚：将它折弯后贴住。

女教师：怎么折弯呢？纸会弄破的。

安德柳莎：剪一个圆，然后在中间这样（用手比划）剪。

女教师：我不懂。来，将它画出来。

安德柳莎在黑板上画。

女教师：也就是说你要把中间部分剪成一条一条的，将它们展开贴在圆筒上吗？孩子们，你们看！（在黑板上画出来）

尤　拉：可以不用剪圆。将一个纸条对折，之后将其中一边剪几刀后贴起来。

女教师：是按安德柳莎所说的去剪还是按尤拉说的去做呢？哪种方法更好？

孩子们的意见出现分歧。

女教师：剪一个纸条更好——我们的纸很少，而且这样会更简单。

142

现在只需要做指示了，但女教师并没有这样去做。她提出一些需要思考和商讨的问题，在儿童提出不合理或不明确的建议时就将不恰当的地方指出来，这样能激发学生继续寻找更好的方法。

关键是要学生理解他们正在学习的劳动操作，而且只要有可能就应该让儿童通过自身的努力去了解整个劳动过程和各项操作。女教师不要急着自己来揭示劳动行为的"机理"，而是应该持续且巧妙地引导学生的思维活动，使他们尽可能独立地弄清自己进行的行为。

我们来引用讲解一种新的缝法——"细密缝法"的部分上课记录。

女教师：现在我将向你们展示另外一种缝法——"细密缝法"（每排学生都发到一些样品），你们仔细观察然后思考一下，它是怎么做出来的，与"回针"缝法的区别在哪里？

孩子们仔细观察样品，它们在每排中被传来传去。

有一些声音：我知道，我都明白啦！

维　佳：从反面看不像机器缝的。

米　佳：这是细密缝法，口袋通常就是这么缝的。这样缝出来的口袋什么也漏不掉。

女教师：有谁知道细密缝法和"回针"缝法有什么区别？

尼　娜：细密缝法的针脚间距小，第一和第二个针脚是一样的。

女教师：这是对的！还有什么不同吗？

奥克萨娜：返回的时候，将针从之前的针眼中穿过，而不是从半针脚处穿过。

女教师：真聪明！

加利亚：它跟"走针"一样。我们在针脚间留下空隙，之后将其填满。

　　在进行过程中能表现儿童自制力、智慧和独创性的这类活动是很有价值的。用各种彩线编织小毯子就是这类活动的代表。根据教学法参考书①中所推荐的示范教学，教师们先向儿童展示绣

———————————

　　① И. Г. 罗扎诺夫、Н. А. 扎维塔耶夫：《二年级手工劳动课》，莫斯科：教育书籍出版社 1958 年版。

架，之后亲自编好基线和两三股纬线。我们认为，如果这样讲劳动过程，那么包含在劳动教学基本知识中的可能性就完全消失了。在实验班上述工作是完全按另一种方式来进行的。

每个学生都拿到一个钉有很多钉子的小木架，学生自己绷紧基线，然后用各种彩线来编小毯子。每个人将不同的彩线组合起来，设计自己独特的花纹。最后编出了很多漂亮的小毯子。在这个过程中体现了儿童个性的构思。这有利于锻炼他们的毅力、耐力，做事从一而终的良好品质。与此同时，还能培养儿童的发明才能和艺术欣赏力。

在很多研究中都提到了怎样在劳动技能和技巧掌握过程中提高学生独立性的问题并且在一定程度上给出了答案。这些研究说明了劳动作业的特点，提出了很多有价值的建议和指示，并且提到了在劳动课上培养学生时间观念这一非常有趣的问题。①

尽管这些问题很有意义，但它们并没有涉及小学整个教学体系。它们只是劳动教学中的个别问题。毫无疑问，如果对劳动教学加以改进，那么效果会更好。但还需解决一个关键问题：确定劳动教学在小学教学体系中的地位以及由该体系所决定的这门课程的性质。

---

① А. И. 索罗基娜：《劳动课上发展学生的独立性》，载 Г. А. 安纳尼耶夫、А. И. 索罗基娜合编：《小学的教学和教育问题》文集，莫斯科：教育书籍出版社1960年版；Е. П. 顿科诺加娅：《谈谈四年级劳动课上发展学生的智力积极性和独立性》，载 А. И. 索罗基娜、К. Т. 戈连基娜合编：《小学教学过程中的教育和儿童的发展》文集，莫斯科：俄罗斯联邦教育科学院出版社1960年版；А. И. 索罗基娜：《谈谈劳动课上培养时间观念的问题》。

※　※　※

基于本书所讲的来理解小学教学，那么应该向学生讲解最简单的，最一般的，他们最能理解的劳动的概念。而这个概念首先要通过实践来掌握。

在安排教学时，只有愈来愈重视坚韧不拔的精神和由于克服困难而产生的满足感，掌握劳动行为才能发挥其本身的作用。因此，正如之前所阐述的，劳动教学的方法十分重要。如果根据上述观点来安排小学劳动，那么学生通过自己的实践就会坚信：劳动，尤其是创造性劳动是大脑与手部活动的有机结合。

但是，就上述任务来说，应该研究的不仅是方法，还要研究教学内容。

《八年制学校教学大纲》中列举了以下几种小学劳动：自我服务、日常生活劳动、缝纫、绣花、天然材料加工、各种纸工、技术模拟和农业劳动。除此之外，三四年级还规定了要参加学校、集体农庄（国营农场）及周围地区的公益性劳动。

技术模拟要到四年级才会出现，而且安排得也很少（全年只有 14 个学时[1]）

教学大纲中包含了各种不同种类的劳动，这是很好的。但是如果深入分析大纲的主要部分，即物品制作这一块，那么我们就

· 145 ·

———————

[1]　参阅《八年制学校教学大纲（小学）》，莫斯科：教育书籍出版社1961 年版，第 156 页。

会发现，四年的教学中学生几乎只做过手工和布工，只有在四年级进行技术模拟时才会极其少地用到其他一些材料：胶合板、小木板、细铁丝、马口铁和塑料。

从上述任务的角度看，这样安排劳动教学是片面的。大纲中提到的那些四年级技术模拟时用到的材料在二年级就应该得到使用，并且在以后逐渐拓宽并加大它们使用的难度。

应该比大纲所规定的要更早开始进行技术模拟和技术构图，而且要给它们更多的重视。我们建议在小学就学习一些物理学的基本知识（见第七章），所以在劳动课上就应该进行一些相关的实验工作，其中包括用一些构件来组装模型。

在恰当的教学安排下，认识活动贯穿了整个实践过程。例如，学生就是通过实践来掌握劳动的概念。与此同时，在劳动教学中也应当对其认识方面加以重视，即将它看作劳动教学中一个独立的部分。在一些讲小学劳动教学的资料中提到了劳动教学与其他学科的关系，还提到了参观，[1] 这当然是正确的。但是为了让学生更广泛且多面地理解劳动，就不仅要重视参观及劳动教学和其他学科的联系，还要从根本上改变这种联系的性质。

劳动是小学生形成对周围世界态度的重要渠道之一。因此在各门学科——俄语、算术、自然、地理和绘画的教学中应当打通一切能体现人对劳动过程认识的通道。

必须强调的是，从这一角度看，应该对《祖国言语》一书中

---

① И. Г. 罗扎诺夫、Н. А. 扎维塔耶夫：《二年级手工劳动课》，莫斯科：教育书籍出版社 1958 年版；Е. П. 顿科诺加娅：《谈谈四年级劳动课上发展学生的智力积极性和独立性》，载《小学教学过程中的教育和儿童的发展》文集，莫斯科：俄罗斯联邦教育科学院出版社 1960 年版。

的阅读材料进行根本的修订和更新。现行的材料更适合学龄前儿童而非小学生。与此同时反映人们劳动的大部分课文，其内容都抽象而空洞，只在机械地进行说教。当然，应该给予现代的生产和技术更多的关注。

关键不仅要对个别地方进行改善，还要彻底改变对小学劳动教学的态度。这种改革的方向我们之前已作过说明。只有这样才能真正完成培养学生共产主义劳动态度这一任务。要知道，劳动教学在其恰当安排的情况下能极大可能地达到教育的目的。

通常当谈到小学生共产主义劳动态度萌芽的形成时，人们总会提出很多建议：爱惜工具、节约材料、认真对待各项任务、集体完成工作等。还建议对参观生产，与先进工作者会面等情况加以相应的重视。这些当然是应该的，但仅凭这些是不能形成对劳动所期望的态度的。

第七章　历史、自然和地理

第一节　历史

　　不能将历史简化为根据年代顺序对各种事件进行排列的目录，关于这点现在已毫无争议。关键要揭示事件之间的内在联系，弄清过往历史对后来事件的影响，了解历史课的学习对象，即历史变迁的推动力。

　　怎样确定小学历史教学的任务呢？卡尔佐夫在其教学法参考书中是这么说的："……将某些最重要的历史事实讲给学生听，使小学生形成一系列历史表象和他们能接受的概念及思想，借助它们可以引导学生用马克思主义观点来理解过去和现在的一些现象。"[①] 这里关于用马克思主义观点来理解各种现象的指示是非

_____

① В. Г. 卡尔佐夫：《小学历史讲授法》，莫斯科：教育书籍出版社1959 年版。

常重要的。它要求更加深入地去学习历史，不能满足于仅对事件作出描述及背熟其年代顺序。更为关键的是，还要确定这类"引导"的具体内容是什么。

小学历史的基础性在教学法参考书中被反复强调。例如，在上述卡尔佐夫的书中写道："小学生在学习本国历史时不能脱离入门这一任务，即，本国史的学习要为小学生在中学有理解地接受和掌握历史课程做好准备。"[①]

当然小学历史课的学习应当使学生为后续历史材料的掌握做好准备。但是，应该要弄清楚"做好准备"这一专业术语包含着哪些内容。要知道学生学习古代史，这无疑是为学习中世纪的历史做准备。显然，对小学生而言"做好准备"这一词被赋予了另一层含义。在中学才会学到苏联时期的历史。这也就意味着根本没办法谈"准备"，这个词是相对于古代和中世纪而言，也就是按一定时代顺序来进行的。那么小学里的"准备"指的是什么呢？它被理解为概念和观念的积累，这些概念和观念将对我们之后系统的学习苏联历史有所帮助。

当然，类似的积累是需要的，但不是首要任务。高水平历史思维的形成才是最重要的，也就是要从变化、发展的角度来看待各种现象。当然这种历史教学的方针只有在一定的材料基础上进行，没法在真空中实现。这些历史材料也是需要研究和掌握的对象。但其实质不在于对历史事件和历史时间的记忆。

正如我们所理解的一样，小学教学总的来说最重要的任务之

---

① В. Г. 卡尔佐夫：《小学历史讲授法》，莫斯科：教育书籍出版社1959年版，第11页。

一，就是利用广泛多方面的事实材料使孩子对周围世界及其变化形成一个总体认识。

历史课在这一任务的实现中拥有特殊地位。相对于其他任何材料，人类社会生活的变化及发展在历史材料中得到了最大限度的体现。

《国语》课本与四年级苏联历史教科书中的历史资料是否符合上述要求呢？不，完全不符合，甚至可以说是妨碍了任务的实现。因为这种资料具有不连贯性，因此无论人类社会生活思想的变化有多明显都没法体现出来。除此之外，历史体裁的文章和小说用语也很贫乏、枯燥。事件描述得很空泛，有时是大纲式的，但要知道这样的阐述方式不仅不能使学生容易理解，相反，使其理解起来更加困难。

四年级历史课本中要求在古斯拉夫时期到我们现代史之后增加一门苏联历史课程。但是由于这在四年级是无法完成的任务，取而代之的是苏联历史零星碎片的知识，这从根本上违背了发展的思想。[1]

小学的历史教学可以怎样计划呢？这个问题应该从各个细节方面来考虑。

现在我们想表达部分思想，这些思想都是以我们的实验为依据的，并且反映了上述提到的学习历史材料的方针。

为了把人类社会生活发展的思想传播给每一个学生，需要研究某一个对象。这点可以在我们学习本地历史的基础上，借助于

[1] 上述卡尔佐夫的书一点也没有改变这一现状，因为书中缺少让教师对这一方针加以注意的指示。

当地古建筑、博物馆陈列品和民间文学等来实现。

我们莫斯科小学的实验班学习了莫斯科从建立到现在的历史。

其他城市和乡村地区的历史资料是无法像学习莫斯科历史时那样的广泛。最好选择一个对所有学校来说都普遍适用的问题并将它同地方历史的学习相结合。但什么样的问题才能称之为普遍适用，这要考虑政治思想教育以及学生发展和在高年级进一步掌握历史知识等任务后才能知道。

我们认为被剥削阶级反对剥削者的斗争史可能是共同的。如果要研究这一点，需要编写相应的历史阅读课本。

一、二年级时应该讲解一些关于人类社会生活，生活方式，从古代到现在技术方面的基本知识。这是我们学习上述所说的三年级历史资料的基础。

向一、二年级学生讲述基本的历史知识时应注意讲明白某些方面的变化，而不要使他们被内部毫无逻辑联系的事实给削弱了精力。比如，我们要讲清劳动生产工具的演化，劳动方式的进化，交通和通讯工具上的改变等等。

不应把历史观点仅局限在一些生活知识上，而应把它扩展到自然及其他现象中去。在学习自然科学和地理学的过程中应当给孩子们展示非生物界和动植物数千年历史的演化。

发展、变化的观点应该被纳入俄语、算术等学科中去，这样有利于一些知识的讲解。比如，讲解反映某些俄语词汇来源的例子，在算术课上展示时间单位的变化等等也是很有益处的。还不妨传授一些关于数和计数的历史方面的最基本知识。

总之，只要有可能，只要所学课程可以与历史观点相融合，那么就应把对研究现象纳入历史的变化之中。这对向学生们展示我们周围世界真实伟大的画面来说是非常重要的。

第二节 自然科学与地理学

具有先进教育思想的代表们高度评价了自然科学在小学教学中的作用。得益于自然科学的教学，学生掌握了大量关于自然界中各种现象及彼此之间相互联系的知识，这有利于丰富他们的智慧。学习自然科学对小学生的发展很有帮助。

乌申斯基说道："为了发展孩子思维与语言中的逻辑性，除了自然历史外我们没有更好的选择。自然逻辑是儿童最容易了解的逻辑，直观且不容置辩。任何新事物通过比较都有可能锻炼人的理智，在已有概念中引入新的概念，将学到的东西进行分类。各种物理现象也能很好地锻炼孩子的逻辑性。在这里儿童能够直观且实际地对各种逻辑概念进行掌握：原因、结果、目的、任务、结论和推理等。"[1]

自然知识对小学生发展的重要性在现在的很多教学法参考书中也有所提及。[2]

在培养小学生的情感及其个性的其他方面上自然知识提供了

———————

① 《乌申斯基全集》（第 5 卷），莫斯科：俄罗斯联邦教育科学院出版社 1949 年版，第 340 页。

② M. H. 斯卡特金：《小学自然课教学法》，莫斯科：国家教育出版社 1946 年版；B. И. 马尔金：《小学自然科学的讲解性阅读》，莫斯科：国家教育出版社 1953 年版。

很多可能性。认识自然的规律性和人对自然的改造，这对形成唯物主义世界观很有帮助。

可以在不同程度上借助各种形式来实现上述任务。但现在经常以小学阶段的孩子年龄小，潜力低为借口来满足于仅最低限度地完成这些任务。然而，在更高程度上实现这些任务是完全有可能的。

现行的教学大纲缺少对一年级到三年级自然知识学习的要求。仅在俄语教学大纲中为配合精读课列举了一些参观、直观教学和观察等活动。[①]

现行教学大纲中规定要学的知识是贫乏且简单的。让我们列举植物知识作为例子，在一年级教学大纲中，这部分内容仅局限于观察自然季节的变化，识别不同的树种（白桦树、椴树、橡树、枫树，杨树），照顾室内植物。而像树木同灌木、阔叶树和针叶树的区别等问题在二年级课本里才会讲到。

识别树种能拓宽并精确学生的表象认识，然而这对学生思维的培养并没有多大作用。与此同时，简单地对树木外形进行识别却不加以总结，而只有总结才能引导孩子科学地认识植物世界。将总结推迟到之后年级中去进行，这种做法是不恰当的。它缺乏正确的科学教育的根据。

当谈到小学自然课的教学工作时，通常强调要有条理且精确地认识大自然的表象及其概念。当然，将儿童在校外获得的表象和概念进行整理，加以精确并使其在一定程度上实现系统化是十

· 153 ·

---

① 参阅《八年制学校教学大纲（小学）》，莫斯科：教育书籍出版社1961年版。

分有必要的。但是，把这些任务的实现与传授新知识分割开来是没有任何根据的。应该从学校教学的一开始就用新知识来丰富他们，并且要有系统地持续进行这项工作。新知识的传授，不言而喻，应该以儿童原有的知识为依据。在小学教学中应当遵循这个一般的教学规则。

主要问题在于，在小学教学中进行参观、直观教学和观察时需要完成什么样的教育任务。《八年制学校的教学大纲》中提到，一、二年级自然知识方面的教学题目是按季节原则来安排的，并且认为这种安排有利于组织学生对自然现象进行观察。《大纲》还说，学生在阅读的过程中认识了大自然，形成了对物体和周围生活现象的明确表象。[1]

所有这一切当然都是必要的。然而，如果考虑到本书所提的小学教学新体系，就不应满足于观察和自然界以单个片段形式出现的某些书本知识。顺便提一下，一年级的孩子已经拥有很丰富的观察成果和通过听故事及阅读所获得的相当大的知识储备。从幼儿园小班就开始观察植物和它们的成长情况，观察家畜和野生动物。[2] 在家接受教育的孩子可以从年纪较大的人那看见和学到很多东西。

在小学，依靠孩子现有的概念和书本知识，是完全可以并且应该向他们讲解大自然日益丰富的完整概念。但想要形成这种完整概念，这就不仅要认识越来越多的新事物，还要对已有知识加

① 参阅《八年制学校教学大纲（小学）》，莫斯科：教育书籍出版社1961年版。

② 参阅 A. П. 乌索娃：《幼儿园活动》，莫斯科：俄罗斯联邦教育科学院出版社1954年版。

以深化。

因此也就有了一个问题，即现有的自然知识材料的安排是否合适。在一到三年级，孩子们进行观察和获得的知识几乎都是生物领域的，而在四年级所学的知识又几乎都与无生物界相关。我们反对这种安排。动植物的生存与无生物界是紧密相连的。由此可见，关于植物和动物的基本科学知识是不能与无生物界相脱离的。

在小学，儿童仅获得了一些人的生理方面的知识。至于动植物，其知识圈范围仅局限于对植物的各个部分和动物形体进行区分，对它们的特征，某些动物的生活方式和习性进行个别的观察和了解。

根据上述教学论思想，应该紧密结合无生物界方面的相关知识来促使小学生形成对有机体结构和生命机能方面不断发展的概念。我们可以列举一个例子。早在二年级时就结合身体结构和养护方面相关规范向儿童讲解了与人的营养，血液循环和呼吸相关的基本知识。还可以讲讲关于空气组成成分（空气中含有的氧气和二氧化碳）及其在呼吸时的变化等几方面的最基本知识。当然，在以后（或许在三年级）很有希望还会讲到这个问题并且更加深入的对其进行研究。

如果儿童在一年级以人的身体为例了解了有机体的生命机能，那么在二年级就应该学习一些与植物营养相关的问题。例如，可以学习植物是如何从土壤中吸收养分这一基本知识，自然而然也就知道土壤中含有腐殖土、沙土和黏土。应该做一些最简单的烧土实验。

这里我们并不想给出小学自然课程的教学大纲，而为了阐明我们的构想只列举一些可以纳入教学大纲的个别问题。应该尽可能详尽且全面地把所有知识连接为一个完整而统一的整体。对自然课程的这种安排根本区别于现有的安排，后者的特点在于：学生获得的知识是零碎的、粗浅的，跟科学的世界图景有很大差距。

在小学有必要讲一些物理方面的基本知识，它们对于理解技术是必须的。不能用任何理由来解释为什么现在整个小学教育阶段都不讲，比方说，关于电的某些知识，也不能以小学生年龄小不能接受这类知识为借口。如果小学生可以掌握名词的三种变格，那么他们怎么就不能掌握电流、通电、断电这些概念呢？

我们的经验表明，电路、导线的串联和并联、电磁现象这些基本知识是完全可以而且应该在小学向学生讲授。学生做最简单的一些实验，或者由教师来演示相关现象，另外还可以组织一些参观，通过这些方法可以掌握这些知识。

应当教授小学生关于动力的来源、种类及传导，机器的主要部件等知识。小学生完全可以自觉地掌握它们。这些知识在技术领域得到广泛的应用。只有那时参观生产才真正有意义，因为学生能在他们所达到的水平上理解生产过程。但如果像现在这样来教授自然知识，学生只能观察到生产过程的表象，而由此得出的观察结果也是浅显的。

应当用历史的观点研究自然界的知识。从现行小学教学大纲中的材料来看，矿物研究可能就是按照这个方向来进行的。根据现行的教学法大纲，这部分内容只做浅显地研究。但实际上应该将矿物的起源和形成放在更重要的位置，这点与现行教学大纲是有区别的。这要怎么做呢，接下来我们将用一些上课材料来说明。

我们选取实验班学习《土壤》这个主题的一段课堂记录为例。

女教师在黑板上画了一个地球的缩略图，图中反映了地壳与地球其他组成部分的相互关系。

女教师：现在我们将学习地壳最表层最疏松的部分，它被称为土壤层，那么土壤是由什么组成的呢？

伊　拉：黏土、沙土。

萨　莎：腐殖土。

老　师：土壤中还有其他的组成部分，下节课我们将会学到。

演示完证明土壤中含有沙土和黏土的实验后，女教师说，沙土和黏土的的形成是由于岩石——花岗岩的分解。接着教师问：为什么土是疏松的，而岩石却是坚硬的呢？

尤　拉：岩石是逐渐被分解的。

女教师：他们是由于什么原因被分解的呢？

热尼娅：因为风化作用。

尼　娜：植物的生长把岩石分解成了一块块的。

教师讲述了虎耳草这种植物，它们将根深入到岩层中，植物分泌出酸性物质，这种物质导致了石头的碎裂。教师说：等到高年级学习化学的时你们就会知道，这到底是怎么发生的。

接下来女教师问：还有什么会破坏岩石呢？

加利亚：经常发生山崩。

老　　师：我们还没搞清楚什么是前因，什么是后果，比如：学生没完成任务，他心情不好。想想，这句话哪句是原因？

加利亚：原因是学生没有完成任务。

老　　师：如果岩石被破坏而山崩，那么山崩还是原因吗？

加利亚：不是，这是结果。

老　　师：当然！岩石的分解破坏是逐渐进行的，而当这种运动剧烈的时候，就会发生山崩。岩石分化是怎样发生的，好好想想，自然界有日夜交替……

　　　　　许多同学举起了手。

列　　娜：白天岩石受热，晚上又迅速冷却。

女教师：那有什么？

尼　　娜：热胀冷缩后石头出现裂缝，从中流水、结冰，随后裂缝变大。

女教师：总之，气温的骤变是岩石分化的第二个原因。还有哪些破坏力你们知道吗？

科斯加：我认为水破坏了大部分的山。

尤　　拉：考察发现了许多大的洞穴。他们的形成和成因都是因为水对岩石的侵蚀作用。

女教师：有这样一句谚语"滴水穿石"，这句话是什么意思？

列　　娜：我认为，水本身不具有力量，而实际上它能凿穿岩石，我看见石头上有明显的凹洞，是因为水一直往上面滴。

　　　　　女教师讲述了海湾不断冲刷许多大山，因此，她说：植物、太阳、严寒，水在做自身运动。

就像学习其他科目时一样，孩子们讲出了他们已知的知识。如果这些知识的内容超出课本范围，但是符合我们既定的教学任务，教师会亲自进行具体和深入的说明（比如，关于虎耳草这种植物），教师不急着告诉孩子们这个知识，因为他们有可能在校外就已经知道了。她把问题提出来，孩子们陈述自己的观点和经历（比如，地下洞穴，滴水穿石）。当学生们说错时，教师就利用这些错误来讲一些相应的知识和培养他们的逻辑思维能力（比如，当孩子们说山崩的时候）。因此，在教学过程中讲出的观点可能是对立的、有限的、具体的和继续发展的。提出与错误观点相对的其他观点，突出矛盾，利用学生集体的力量，对所出现的问题找出解决办法。只有这样上课才能让学生掌握知识和培养他们的思维。

哪些产品是从石油中提取的以及用石油可以生产什么东西，可以把这方面知识作为对自然课教材内容进行改革的例子。在自然科课本中不仅提到了可以从石油中提取煤油、汽油和机油，还提到分离出石油、煤油和其他产品后的石油渣，也就是重油。[1]

所以，孩子们不了解利用当今技术手段提取制成的这么多种类的产品。同时，当学生们知道可以用石油制成塑料、织物、颜料和化妆品时，他们不仅觉得很有趣，而且开拓了眼界，丰富了

---

[1] M. H. 斯卡特金：《自然课本（四年级）》，莫斯科：教育书籍出版社1959年版，第81页；《自然常识（四年级教科书）》，莫斯科：教育书籍出版社1961年版。

他们对技术的认知。类似的知识还激发了学生的思维，能让他们去思考那些童话般的，而事实上由于科学技术的发展，又从梦想变为现实的这些出乎意料的变化。

在专门讲解上述问题的课堂上学生明白了从石油中可以提取和制成什么。一般情况下学生从校外已经获得很多知识了。课堂上女教师也讲了很多。班上学生在自己练习本上画出包含产品和制品的名称以及相应物品的图形示意图。这些物品有：石油、煤油、溶剂、工业用油、灯用煤气、焦炭、沥青、石墨、导线绝缘体、炸药、酒精、颜料、医学用油、三氯甲烷、肥皂、化妆品、石蜡、蜡烛、火柴、塑料、合成物（布匹）。

※　　※　　※

指出另外一个特点也非常重要，因为它很好地解释了为什么要有理解地掌握教材。这里我们指的是，学生受其思维方式固有的个性特点影响，每个人对获取的知识都有自己独到的看法。

我们将列出两位实验班同学在本次测验中的答案。首先是加利亚，在教材的掌握方面她比科斯加差点。科斯加的成绩好，但也不属于好学生。

下面是加利亚的答案：

1. 我了解各种岩石：花岗岩、砂岩、泥质岩。花岗岩是由云母、长石和石英化合而成。而砂岩和泥质岩是通过挤压和复杂的化学过程最后形成石头。

2. 石灰岩来源于动物体。例如，珊瑚老化和折断后，水的深层压力挤压着它们，于是它们被压合而成。

如果砂岩和泥质岩是由非动物形成，那么石灰岩则是由动物体形成。大理石和白垩都是属于石灰岩。

科斯加的答案：

1. 我了解花岗岩这种岩石。它是由长石、云母和石英这些矿物构成。而这些矿物是产生于岩浆（岩浆是一种高温的、沸腾的火红色液体）。

2. 花岗岩产生于动物机体残骸。例如，鱼依靠石灰作为食物来增长骨骼。鱼死后，骨骼便遗留下来。

很多年以后，在巨大的压力下形成了石灰岩这样坚硬的岩石。我知道石灰岩有大理石、石灰和白垩。

我们来分析下这些答案。

同学们对熟悉知识的总结很正确。但这里不仅仅是简单地不加选择地"摄影照相"似的复制再现。同学们的答案没有一致的模板。加利亚的回答是从一方面，科斯加的回答则是从另一方面，每个人都具有自己的特点。

加利亚回答的特点是：这个小女孩从整体上谈到了与问题有关的所有材料。她说了各种已学过的岩石，让我们看下第二题的回答，加利亚重新回到砂岩和泥质岩的问题上，从石灰岩的产生形成来比较它们。

科斯加的回答完全是另一个样子。他只谈到了一种岩石花岗岩，不过比加利亚总结了更多的内容。科斯加在讲述石灰岩的形成过程也比加利亚更加详细。

因此，不论是谈到各种各样的岩石还是仅仅提到石灰岩，两位同学的讲解都各具特色。

可能会有这样的问题，这样好吗？如果每个学生都按自己的方式回答，让他们完全阐述自己的理解，这是好还是不好呢？我们会说："当然好啦！这对全面了解知识没有任何不好！"要知道本次考查的任务不是要孩子对这部分的所有知识进行复述。同时我们要弄清，学生是否已记住那些在本次考查中所没有提到的知识。有一个非常简单的方法能做到全面了解，即提出一些所有学生都必须回答的问题（例如，"土壤由什么组成？""土壤有哪些种类？""花岗岩由哪些物质组成？"）。类似的测试表明，实验班学生的知识更加全面充分（即对于上述问题95％到100％都能回答上来）。

学生们对相同问题给出了不同的答案，这是极其重要的。那么我们再列举几个学生关于石灰岩的回答。

沃洛佳：石灰岩源于数百万年前。它来自海洋动物（海胆、海星、珊瑚、鱼骨）的残骸骨架。

维克多：石灰岩是由海洋动物遗骸构成。它们死后，它们的壳、针和贝壳仍然存在着。经过很多年，它们被挤压形成了坚硬的岩石——石灰岩。石灰岩的类型有很多。大理石和白垩就是其中的两种。

托利亚：石灰岩源于相对较大的动物残骸。在地球上有很多棘皮动物和其他动物。这些动物的刺和骨骼里含有非常多的石灰物质。动物死后，石灰质和其他物质从它们的尸骨分解出来。而它们在压力等作用下形成石灰岩。石灰类岩石包括：白垩石、大理石、普通的石灰石和其他的。

奥克萨娜：石灰岩源于动物残骸（针、海胆、珊瑚、海星）。在地球不同土壤层的压力挤压之下产生的一种新型的岩石——石灰岩。大理石和白垩石就属于石灰石。

比较以上四个回答以及最开始引用的两个回答（加利亚和科斯加）我们可以发现，虽然叙述的内容有所重复，但叙述的特点及复述的知识本身是完全不同的。

我们这么重视这一点，是因为答案的多样性是有效学习的最重要标志之一。如果一个学生强调教材的一些方面或细节，而其他人详细说明另一些，这就意味着这些知识是经过深思熟虑的，并不仅仅是简单的教条。

学生灵活地用词语表达所学到的知识是非常重要的。只要用这个观点来分析上述回答就能很明显地发现，这种词语表达的灵活性真是太伟大了。它是一种对自然知识真正掌握的表现。

同时，灵活使用词语表达表现了学生在掌握书面语言的显著进步。

将上述内容与用于儿童学习这部分内容的课文《石灰岩》进行对比。

以下是文章全文。

石灰岩存在于地球厚重的土壤层之中。我们熟悉的石灰岩包括可在黑板上书写的粉笔、普通的石灰石和大理石。区分石灰岩和其他岩石很简单。

实验：在白垩石、大理石和普通的石灰石上滴上几滴食用醋或者稀释过的盐酸，可以听到嘶嘶的响声并产生一些气体。

试一试在花岗岩或者其他岩石上滴一些醋或者盐酸，看看是否能够听到嘶嘶声？

普通石灰石：是一种黄灰色的厚密度岩石。有时它们组成整个山体，有时可以在陡峭的山崖河岸边看见石灰岩。石灰石可以用来建造房子和房子里的楼梯，铺设人行道路。很多建造在山上和黑海岸边的房子，都是由当地现有的石灰石构成。在莫斯科很多房子都用石灰石作为建筑材料，因此过去莫斯科被称为用白石砌成的城市。

大理石：也是石灰石，它是一种质地硬而致密度高的石头。如果你打碎一块大理石，可以看到，它是由亮晶晶的单个小颗粒组成。大理石的颜色各异：白的、灰的、黑的和红的等等，它们都被很好地抛光打磨过。

大理石被用作装饰建筑物，它们被用来做雕像、纪念碑、楼梯台阶、窗台、洗脸池的石板和文具等等。莫斯科地铁站也是由各种各样的大理石装饰的。

我们国家的大理石非常丰富，它们是在伟大的社会主义十月革命之前从国外传入我国的。现在克里木、高加索、乌拉尔、苏维埃的卡累利阿和阿尔泰都有开采大理石。

白灰是最柔软的石灰岩，用手就可以折断它，可以磨碎成粉末，可以做成在黑板上书写的粉笔。捣碎的白灰可以用来粉墙，纯净的白灰还可以用来做牙粉。

在克里木和乌克兰有整个白灰山。①

可以看出，实验班学生的知识是超出了课本范围，具有多层面和深度的特点。

※　　※　　※

把问题转向地理②研究。

在鲍格塔诺娃编写的教学参考书中，对地理学的教学任务是这样定位的："小学地理课的任务是形成一些地理学的基本概念和理解，并且了解学习地理学的技能技巧，这些对于学生继续研究地理学和其他自然界及人类生活中的很多现象都是必不可少的。小学地理教学应立足于地理学的观察活动，并且这种活动由教师系统引导孩子在学校周边地区来进行。"③

在这里我们遇到了教学任务的提法，本质上它跟其他学科中

---

① 参阅 M. H. 斯卡特金：《自然课本（四年级）》，莫斯科：教育书籍出版社 1959 年版，第 67～69 页；《自然常识（四年级教科书）》，莫斯科：教育书籍出版社 1962 年版。

② 我们指的是自然和地理，而不是现在被列入小学教学计划中所谓的自然常识，原因如下：在小学应该和在一般学校中一样，总的来说是需要教授科学的基础知识的。然而这种由自然和地理合并组成，被叫做"自然常识"的科学是不存在的。当然，保持自然和地理研究的"联系"是必须的。然而要实现这一点，有着比把两门课合为一门课更可靠的方式。顺便说一下，将两门学科合并在一起并不能使它们真正地联系在一起。在小学教学大纲和课本中仅仅是把自然和地理的内容相互交替安排。

③ Л. A. 鲍格塔诺娃：《小学地理教授法》，莫斯科：教育书籍出版社 1959 年版，第 30 页。

的提法没有什么不同。

提到这些基本概念和理解以及技能和技巧的形成，所有这些对于小学毕业后继续从事课程学习都是必须的。这里我们可以重复上述就其他教学课程而言的内容：这项任务是合理的，然而小学地理材料的功能不能仅局限于此。而且，所提的这个任务也不是主要任务。

问题的本质在于使小学生们了解关于他们所生存的这个行星的概念。这是必须并且是完全有可能的，因为我们的经验证实了，在小学这样对待地理学习是正确的。

上述引文的第二句话值得引起特别注意。它专门指出，学习应该立足于对学校周围的观察。当然，这些观察应该被广泛地应用于地理学的学习中。

然而，将在学校周围地带所进行的观察活动作为地理学习的基础，这是不正确的。

关于第一次观察不能超出学生周围最近的范围的论点深深地植根于小学教育学中。应该从教室和学校的建筑物开始，从学校旁边的地段开始，然后慢慢延伸到对学校所在的街道和城市的了解与熟悉，在这之后才能转到对祖国的研究。

这个观点在苏联小学的地理学研究材料中可以找到相关语句。

上述观点是借鉴于过去先进的教育学代表们的思想。在革命前的沙俄制度条件下，那时小学的经院哲学式的书面教学和神学发展繁荣，因此在观察周围最近地段的基础上来讲解一些实际知识的思想是进步的，并且这种思想在小学教育中起过重要的作用。但我们现在的情况是完全不同的。学校里的直观教学手段、电影和电视让我们有可能去更广泛地拓宽能被学生所理解的现象的范围。因此，现在极力把学生的观察活动限制在周边地区是明显落后于时代的错误行为。

不能以小学生的年龄特点为借口来论证所提的关于逐渐扩大学生观察范围的原理。小学生的心理特性要求像若干同心圆那样逐渐地扩大观察，这种论断缺乏严谨的科学数据为依据，是一种偏见。

在教学过程中对小学生的研究表明，一年级学生不仅对遥远的国家感兴趣，对浩瀚的宇宙也很感兴趣。大量事实使我们相信，小学生完全能够接受很多直到五年级才会学到的地理知识。

比如说，在我们三年级的实验班中已经学习了如"地球围绕太阳转""地球围绕自己的轴自转""热带""苏联的自然带"等一系列问题。学生在学习这些材料时并没有遇到什么难以克服的困难。通过理解他们清楚地掌握了教材，达到了不错的知识获取效果。

可能有人就此推断，在小学生学习对他们来说非常困难的材料时，教师必须要"反复讲解"这些材料。但实际上这种情况并不存在。

教师通过问题和答话的形式，引导孩子们的思维集中到对已有知识进行复述上，以便得出正确的结论。在课堂上充满着和谐的智力劳动的氛围：学生们很乐意分享自己的认识，思考教师提出的问题，并去寻求答案。

女教师，当然，传授给孩子们很多新的知识，但不会否定儿童自己探索出来的思想。女教师所讲的知识与孩子们讲述的内容有机地融合在一起。

我们摘引一些实验班上课的片段，以此来表明儿童参与了认知过程。

在上《地球表面的主要形态》这课时，在学习这章节的基本资料之前，女教师引导学生看地图。

女教师：如果我们看一看这地图，就会情不自禁感到惊讶，她是如此的五彩纷呈。那么在这种情况下，什么叫作"五彩纷呈"呢？

尼　娜：不同的颜色。

女教师：哪些颜色是最多的？

英　拉：浅蓝色和深蓝色。

女教师：这是怎么说的？

鲍　娜：地球的三分之二被各种海洋覆盖着，而只有三分之一是陆地。

女教师：那么，用什么颜色来描述陆地呢，并且这些颜色代表了什么意思呢？

尼　娜：褐色——山，绿色——低地。还有，嗯……淡褐色。

女教师：这既不是低地也不是山。

萨　莎：这是丘陵。

需要指出，在这节课上，学生需要掌握关于盆地的概念。老师给他们提了一个问题"陆地上有哪些地方比海平面低？"

科里佳：有！荷兰。

女教师：那儿有许多不同形式的大坝，它们挡住了海水。

（老师在黑板上画着示意图）

托利亚：也有那样一些地方在里海附近。

尤　　拉：有这样的地方——非常大的露天采矿场，它们靠近
　　　　　大海，但没有被淹没。

女教师：为什么呢？

尤　　拉：因为有比海平面高的地方保护它们，所以没有被
　　　　　淹没。

　　当上课进程转到学习"平原"的概念时，女教师说：
"你们思考一下，平原有哪些特点。回忆回忆莫斯科附近你
们去过的一些地方！"

维　　佳：平原是平坦的。

女教师：像桌子那样吗？

维　　佳：怎么会呢。如果平原上有条小沟，难道这就不是平
　　　　　原啦？（这既是个问题也是一种反驳。这里需要指
　　　　　出维拉提出了一种不是十分准确的定义）

　　老师很快就利用维拉的问题向学生们说到：维拉提了一
个非常好的问题。的确，如果我们站在凸起的地方上，那么
这就是山岗。而如果我们踏步向前走，那么这就是低地？同
学们都笑了：他们都明白了并不是根据维拉的定义就能做出
判断那样简单。老师总结道："所以这就是说，平原是平坦
的或带有一点波状起伏的地带。"

※　※　※

现如今在一年级不管是观察活动还是《国语》课本中都没有任何地理材料。仅仅提及了一下四季的气候和一些简单的与季节交替相关的观察活动。在二年级教学大纲中还是讲大自然的时间变化，观察太阳高度和昼夜的长度，观察动植物世界的气候和季节变化。并且指出在掌握地理知识时，观察能够充当某种材料。但是根据它们是如何被列入大纲和教学法参考资料书中的情况看，这些观察本身并不算是地理学习。

直到三年级，课本中才出现《我们的区域》的主题，它包括了对区域地理特征的观察和一些知识。在三年级的《国语》课本中包含了《从地理到自然科学》的部分知识。在小学地理教学法参考书①里强调说，"阅读和分析相关文章是学习的主要内容"。还说道："观察这些自然现象能直观地帮助学生有意识地掌握所理解的材料"②。《国语》这本书里的文章是一些不同形式的短文，它们能够以一种零散的形式提供相关方面的一些知识。在材料的科学性和艺术性上有些短文是很不错的，但这并不能弥补其总体内容贫乏这一缺陷。

在四年级开设自然科学这门课，其中包括了关于地理和自然

①　Л. А. 鲍格塔诺娃:《小学地理教授法》，莫斯科：教育书籍出版社 1959 年版，第 23 页。
②　Л. А. 鲍格塔诺娃:《小学地理教授法》，莫斯科：教育书籍出版社，1959 年版第 23 页。

科学的相关知识。这里所提的主要是前苏联范围内的地理知识。只有个别章节与自然地理的一般性问题相关。[1]

如果将地理学习的现状和小学教学所面临的新问题进行对比，那么很明显就会发现，现在的这类学习与这些要求是不相符的。

早在一年级就应该展开大量的观察，在这过程中学生所积累的广泛材料有利于他们从地理学角度来认识地球。比如说，除了自然界的四季和季节变化外，还应该进行一些属于二、三年级的观察活动（太阳的高度和昼夜的长短，确定区域，地平线以及根据太阳和指南针来确定方向）

在这些观察的基础上，二年级学生需要学习一些一般的自然地理问题（地球的形态，陆地和海洋所占的比例，地球表面的形态）。观察昼夜长短和太阳高度是一年级要学习的内容，在二年级仍然要继续学习。依据地球绕着太阳并绕地轴转的知识，现在学生对所进行的观察就有所理解了。应该广泛利用最简单的实验、[2] 地球仪和世界地图、老师和学生的对话、阅读、幻灯片、电影、电视和地理直观教具。当然，讲述旅游中的所见所闻有着特殊的作用。让学生了解气候与动植物的关系也十分有必要。应当向学生讲一些基本的关于大国的基本知识，这些大国应包括人民民主和资本主义国家。

171

---

[1] М. Н. 斯卡特金：《自然常识（四年级教科书）》，莫斯科：教育书籍出版社 1962 年版。

[2] Л. А. 鲍格塔诺娃：《小学地理教授法》，莫斯科：教育书籍出版社 1959 年版；参阅 М. Н. 斯卡特金：《自然常识（四年级教科书）》，莫斯科：教育书籍出版社 1962 年版。

　　然后在二、三年级可以对前苏联的地理进行学习。但是这门课的安排应与现行的安排有所区别。关键是要对二年级已接触过的观点，也就是气候与动植物之间关系的观点加以丰富和深化。现在，这种观点以一种新的形式表达出来：不仅人类劳动依赖于自然条件，而且人类还对大自然进行改造。这对我们国家进行共产主义建设具有极大的意义。

　　如果在小学就能很好地掌握地理特征的相关知识并且对我们的地球有一个大致的了解，那么就能从现有观察活动和阅读材料中所固有的不完整性摆脱出来。这时各种知识将会围绕基本的核心思想来展开。

　　就像对待自然课一样，应当用历史的视角来学习地理。

　　关于在几百万年中我们的星球是如何变化的，我们的国家是如何演变的这类知识有助于激发学生思考，树立共产主义世界观，同宗教偏见和迷信进行斗争。

　　应该将天文学的一些基本知识也列入小学教学中。如果在当今的航天时代，我们却一点不讲宇宙飞行，丝毫不介绍其他行星及其卫星的运行，这是很奇怪的。难道现在还要用画有远航船只的图画来证明地球是圆形的吗？

第八章　学生的发展和掌握知识（若干事实）

第一节　学生的发展

为了对小学教学新体系的相对有效性作出一定的结论，应该从其两方面的效果入手，即在学生的普遍发展方面和其知识技巧的掌握方面。这是很重要的，因为虽然教学安排注意到了这些，但并不能预先确定这种效果是否真能达到。在教学实践中经常会出现既定任务没有得到实现的情况。

另外一点也相当重要，即仅仅只有知识和技巧掌握的质量不能正确反映出教学体系的有效性。掌握学生发展进程中的一些数据是非常有必要的。

现在我们来探讨一些可以证明效果已经达到的事例。首先让我们谈谈学生的发展。这里应该立即指出，尽管有很多研究小学

生特点的著作，但它们并没有将这些特点放在各种不同条件下来
考查。①

儿童成长所处的条件制约了其发展的进程，这些著作仅空泛
地指出了这点。实际上，在比较不同的教学体系时最重要的是要
搞清楚：学生的发展在不同的体系下是否会有差别，这种差别有
多大以及什么是其根本特点？

为了完成这一任务，我们将两种不同条件下学生的发展进程
进行对比：一种是在我们所提的小学教学新体系条件下，而另外
一种是在通常的传统教学体系条件下。实际上，不同的教学方法
可能对某一方面（比如说，在学生词语逻辑思维方面）产生效
果，而对别的方面（例如，对观察力或实际操作能力的发展）成
效不大。我们指出这种情况，对学生三个方面的发展作了仔细考
查：观察力、思维和实际操作。如此一来就能弄清，新的小学教
学论体系是对各方面都有效还是只对发展的个别方面有用？

在我们看来，研究观察活动的发展是很有必要的，因为观察
活动中最主要的就是知觉过程。另外，观察还是一种复杂的活
动，所以我们要研究它。在学习过程中也能经常碰到它。知觉作
为观察最为重要的组成部分，它与思维紧密地联系起来。

独特的思维是观察的一部分。这些思维过程直接依赖于对现
实的感性认识，并且只对感性认识的材料（颜色、形状及其他属

---

① 参阅 А. Н. 列昂节夫、Л. И. 鲍诺维奇合编：《儿童心理学概
论》，莫斯科：俄罗斯联邦教育科学院出版社1950年版；М. Н. 沃洛基季
娜：《小学生心理学概论》，莫斯科：俄罗斯联邦教育科学院出版社1955年
版；Н. Д. 列维托夫：《儿童教育心理学》，莫斯科：教育书籍出版社1958
年版；А. А. 斯米尔诺夫、А. Н. 列昂节夫、С. Л. 鲁宾斯坦、Б. М. 捷
普洛夫：《心理学》（心理系教科书），莫斯科：教育书籍出版社1959年版。

性的名称，对直接认知事物的属性明确其异同点等）作初步的分析和综合。考虑到这个情况，我们将抽象思维作为第二条发展线来研究。只有在抽象思维中才能对客观现实中各种现象的本质作更深入和接近地认识。

因此我们不仅从分析的角度，还从综合的角度来研究小学生心理的发展。我们从不同方面来分析心理时并没有忽视儿童整体的个性。研究整体个性发展最重要的条件是在相互渗透的情况下研究其个别方面的发展。

我们没有使用那些会限制测试者言语表达的思维研究方法。为实现我们科学的目标，采用实验法来研究思维会合适得多。这种方法能最大程度上从外部对思维过程进行监控。当开展思维活动的对象是具体事物时，就能够进行这类监控。

上述观点是我们以前使用萨哈罗夫所提方法的理由之一，而这个方法是用来研究概念的形成。

之前早就以一定方式指出过，在苏联心理科学中明确强调的那些思维过程的特点是我们注意的重点。[1]

我们将根据既定任务、客体特征和其他条件来对客体的某些方面进行研究。

作为学生心理发展的第三条线我们将研究实际操作。之所以要研究它是因为可以通过实际操作来考查学生制作实物这一特殊的活动形式。实际操作跟观察及思维不一样，它最典型的地方在

----

[1] 参阅《心理学研究》第 1 辑，Л. С. 维果茨基、И. И. 达尼舍夫斯基合编：莫斯科：教育书籍出版社 1935 年版；Л. В. 赞科夫：《小学生在教学过程中的发展》，载《初等学校》1958 年第 7 期；С. Л. 鲁宾斯坦：《思维心理学》，莫斯科，俄罗斯联邦教育科学院出版社 1959 年版。

于有手部操作。

普遍发展最重要的几个方面就在于上述三条线：感性体验，对现象本质的认识，解决对周围事物施加物质影响的实际任务。我们在选取上述心理活动发展的三条线作为研究对象时不仅没有忽略它们之间的不同，同时还注意到了它们的联系和相互渗透性。

用这样的方式来研究学生的心理发展，我们既考虑到了分析的层面，也考虑了综合的观点。根据这几条线来研究心理发展，我们并没有忽视儿童的整体个性。研究整体个性发展的重要条件是在相互渗透中研究其个别方面。

思维过程的发展与知识的掌握有机联系起来。很明显，可以根据对知识本身和在不同教学阶段运用知识的分析来判断这种发展。但是仅通过分析知识来弄清思维的发展是很难让人完全信服的。会提出这样的疑问：这种或那种的思维发展水平是否是学生真正所达到的水平？运用所掌握的知识是否能够反映出学生独立思考的实际能力？所以我们借助实验法[①]来对学生思维进行研究，并且要求学生完成一些在日常学习中不会碰到的任务。

与监控班学生相比，在思维发展方面实验班学生有着更明显的优势。如果将前两个学年中思维发展的进步情况进行对比，那么可以发现：63％的实验班学生已经进入更高的思维发展阶段，而监控班中这个数字仅为11％。

在实际操作中，对实验班和监控班学生的对比也是很能说明

① M. B. 兹维列娃的研究成果。

问题的。①

为了获得正确的描述实际操作②发展历程的材料，要求学生们按照提供的模型用厚纸做一个小纸盒。我们来注意其中一个描述这条发展路线的因素，这正是：通过做东西来展现出善于为将来的事做计划的能力。

当把模型展示给学生看时，会说：仔细看这个盒子，想想它是怎么做出来的。

初步阶段在于对模型的思索，方法的选择和解决问题的手段。

在教学全面规划的第二年初，也就是先想到所有制作盒子的必要的工序。实验班学生中有正确逻辑的达到了 34％，而在监控班学习的他们的同龄人，却没有人能完全地计划好制作盒子的过程。

实验班的学生从二年级到三年级，也就是一个学年期间在计划自己的劳动活动方面有很大的进展。如果在二年级，有 34％ 的实验班学生能充分计划好制作东西的工序，那到了三年级这个数字可能会变成 60％。而在监控班却是另一个状况，在二年级时没有一个学生能计划好制作工序，一年后，也就是三年级时，只有 25％ 的学生能做好。这样一来，在监控班的学生经过三年的教学会比在实验班的学生经过两年的教学显得发展水平相对低些。

计划制作一个物品与完成该计划间的相互关系很有特点，也

---

① И. И. 布得尼茨卡娅的研究成果。

② 我们谈及的实际操作，指的是一定形式的某种具体行动，是对实物的有效操作。

就是活动的完成阶段，实验班的学生大部分都呈现出计划和完成计划的协调一致。而在监控班却看不到这一点，经常出现的是计划与下一步计划的矛盾。例如，其中一个监控班的学生，他能够局部计划好将来的事，却总是在做盒子的过程中出现一些其他的不符合拟定计划的错误。

完成阶段的典型参数（也就是制作指定东西的过程中），是制作过程中出现的错误的数量。监控班的学生会比实验班的学生多五次。监控班学生出现错误的原因部分在于，他们没有注意模型的特点，而这些特点在制作盒子的时候却有着重要的意义。

学生独立找到自己的错误也是重要参数。在这个计划里，实验班的学生和监控班的学生之间的对比关系会被指出：2个实验班学生没有找到错误，而有9个监控班学生没有发现错误。

在实验班得出的结果与在监控班得出的结果的比较指出，根据所有在实践活动发展中的参数得知，实验班的学生的能力会大大超过自己的同龄人。教学第二年结果中的差异是非常重要的。一年后，也就是三年级快结束时，这个差异会大大增加。确实，监控班的学生在实践活动中也会有一些进步，但这种进步的集约性太小，以至于一年后，他们还是不能达到实验班二年级学生达到的水平。①

发展过程中发现的实验班学生的显著的差别，在接下来的一个中学的10个实验班的大数据下得到了证实。在二年级第一学期末，监控班和实验班同学们有这样一个任务，在这个任务的帮

———————————

① 实验班同学相对于监控班同学一个明显的优势在于观察力的发展上。（И. П. 托夫平涅茨的研究成果）

助下，去评价思维发展的过程。任务是，要完成 6 个不同的句子，每个句子中要用到连词（虽然）。当学生读到句子的开头时，就应该能把句子续完。

实验班的准确率为 62%，而监控班为 27%。正如我们所知，相对于监控班学生，实验班学生有着明显的优势。

观察所有引用的事实，通过证实我们得到：由于教学体系的不同，学生在一般发展上的确存在着显著差异。在新开始的教学系统的条件下，学生在以一个更快的速度发展——更重要的是——出现了更高质量的心理活动的变化。这些事实充当了去评价新的高效的教学系统和低效普通的但现在仍在大量实践中发挥作用的一开始的教学系统的基础。

取得的事实回答了另一个问题的答案：新系统有利于学生精神状态多方面的发展吗？重要的是，在新的教学系统的条件下发现了精神状态发展中不同路线方面的进步：敏锐的观察力、思维和实践行为。

我们引用的事实都是借助了专业的实验方法而发现的。但是关于学生的发展过程，在新的教学系统的条件下，我们也根据不同的材料进行了判断，一些在课上观察学生的表现的过程中取得，以及下课以后，还有在家里。一系列属于研究学生发展这方面的事实，被引用在领先位置。为了形成一些关于学生个性发展的概念，我们将提供 И. И. 兹鲍罗夫斯卡娅依照教学笔记整理的关于两个实验班学生的调查材料。

尤　拉

一年级刚开学，尤拉慢条斯理，行动笨拙，话还少，很不开朗。他不开朗得有点过分，有些无谓的敏感（我胖，我是村里最胖的）。在一年级时，不仅不能参加儿童早操，就连去礼堂也要经过多次恳求或坚决的要求。他很难融入一年级这个公共氛围里去。

在班里观察并讨论墙上的画时，他无精打采。手指放在课桌上，不看画，也不举手。

他喜欢听朗读，伸出手指指着读到了哪里，然而他对阅读内容的反应，比其他学生慢。

尤拉比别的孩子迟一点参加在家自主学习的活动。可以很清晰地看见，在大多数孩子活跃进行交流和很愉快地选择书籍时，尤拉一直很烦躁，他只是一动不动地站在那，也不去借书。这里还要考虑到，他在学校的成绩也非常不好，他自己说："我只会读'妈妈''爸爸'和'呜啦'。"

当他被安排进技术小组时，尤拉成为了最积极的成员之一。他组装的闹钟能不停地摆动。（二年级）

加入技术小组加强了小男孩的自我认知。老师也认可了这个发展道路；她当着全年级同学的面指出，尤拉是一个很好的例子，她说道："他是一个公正的、有原则的、诚实的孩子。"而在朝会上（二年级毕业生）尤拉积极参加了由马雅可夫斯基的诗歌《是谁？》改编的戏剧表演，深情地朗读了木匠这个角色的台词。

在二年级的时候，尤拉已经读了很多书，这些书籍是由图书馆馆员挑选给他的，而他对书籍的兴趣一直保留着，从未舍弃。在四年级的时候，他一年内所读的书竟有一大摞了。

在第三年学习刚开始的时候，学生们被要求写关于彼得罗夫的画《鸟》的作文。尤拉写了两页多，他竭尽所能地寻找话语表达自己的情感——"激情或许会将一切毁灭"……"今早，天还未大亮，但几缕明亮而又灿烂的阳光透过树枝的缝隙投射了下来，树干被温柔的阳光不完全地照射着，这就是清晨。"

文章还用轻快的语调描写了五一劳动节（三年级）——五一游行，欢乐的喧闹，热气球，爬阁楼，和列沙一起跳绳，这些加深了尤拉和其他孩子的友谊，尤其他与列沙的交往一直持续到五年级，完全秉承了友谊第一、比赛第二的原则。尤拉发现，在萨莎"常读常思"阅读原则的带领下，班里的大多数人都未出现病态的胸怀狭窄的现象，而他也很快在孩子们中间建立了威信（后来被选为队伍的会议主席，而之前，在二年级的时候已是小队长了）。

主动性有所发展。比如说，通过对课外活动计划的讨论（五年级上学期期末）促进了组织木偶戏建议的形成。

现在尤拉在课堂上的表现比大多数孩子都要积极，他对科学技术的兴趣得到不断的巩固和发展。劳作课（锯木头、雕刻）上的表现也是非常好的。他是技术小组中最勤奋的学生之一。

在五年级的总结课上他给出了漂亮的、令人印象深刻的回答，文学课、地理课和历史课他常用来听广播、看电视。他常说："为什么我如此了解国际形势？因为我经常看电视、听广播。"

尤拉在神经系统中属于易激动的类型（根据高级神经活动

研究资料得出）。大概由于家庭培养的特殊性，一些伪装物在神经系统中有了生存之地，这也就解释了为什么尤拉在学习初期学习速度慢、无精打采。后来尤拉行为和性格上发生的改变很好地说明了在教育工作中使用方法和道路选择的正确性。

如果说老师不得不在教育初期对尤拉使用"摆脱抑制"原理，那么维佳的特殊性则需要使用别的方法。

维　佳

维佳很难忍受学校的纪律。在一年级的时候（特别是在第一学期）他总是在课堂上捣乱，从座位上跳起来，找同桌讲话。他是一个注意力特别容易分散的人，因此很难加入班里的集体活动中，也很快从中逃离出来。如果维佳举手而没有被提问的话，他将很快找到新的事做：和同桌玩闹、闲扯。小男孩也曾有过改变，那就是纠缠同学的时候（虽然是没有恶意的），维佳总是很真诚又带着眼泪在全班同学面前承认自己的错误，毕竟老师和同学们对他的看法是最重要的。

老师对他的指点他总是十分乐意地接受，然而维佳的冲动也总是给老师和家庭带来巨大的麻烦，使他们伤心难过。

维佳总是轻而易举地完成任务和作业。他从一年级开始就独立完成作业。当作业关于坦克、飞机时，尤其顺利。维佳朗诵文章很好听，阅读能力也不错。但他很难集中于一件事上，这需要毅力。他写作业很费力，总是书写不整洁，又遗漏字母、音节。他能集中精神来画画，但劳作课对于维佳却很难。在家里，如果得到一个有趣的礼物，比如，玩具织布机，他也玩不过5～10分钟。

182

这个孩子的特性可以在他的一些作文中找到影子。比如彼得罗夫的画《鸟》（开始于三年级）。在描写画的内容时他也表达了自己的想法——小男孩也想要成为真正的鸟儿。现在他连动一动都不敢，怕惊飞了鸟儿。同时爷爷的安静却刺激了他，他立马跑到爷爷的面前说道："赐予最好的我吧！"

维佳是从一年级的时候加入技术小组的。在这里他的特点是，没有足够的耐心来完成那些精细的任务，注意力很容易被转移，很容易将任务转到玩乐的计划上去（上着《军事》课想到了装配汽车等）。

在二年级第二学期的时候，维佳的听写能力得到很大的改善（书面更整洁了一些，错误也少了些，但极其需要集中注意力的大多数任务，他还是不能胜任）。

在三年级尤其是在四年级时，维佳的性格表现有了很大改变。注意力的集中性加强了，集聚能力也得到改善。维佳带着浓厚的兴趣积极收集邮票（班里的大多数男孩都在收集）。在二年级的时候维佳集邮册的工作主要是由他的爷爷做。现在情况改变了，当然，这与对历史、地理的兴趣加深息息相关。维佳的练习册看起来也好了很多。

在兴趣小组里他开始努力学习。比如，收集电话机模型（和卡拉一起）。虽然弄错了很多次，但依然坚持不懈地继续，直到结果出来（即使后来卡拉退出）。他也开始逐渐能够胜任劳作课和绘画课的任务（只是装饰零件的质量还不够精细）。

维佳属于容易相处的、想要好好发展同学关系的类型。老师根据他的这种性格特征来培养小男孩，在这个基础上实现了维佳对学校作业态度的改变，以及他的行为的改变。

这是根据很多事实表现出来的。从前维佳总是妨碍老师，拒绝回答问题（从课桌上跳起来，用手摇晃桌子）。现在维佳变得更加冷静，懂得克制自己，服从公共秩序，在适应过程中不违反纪律（从前在这种情况下总是从桌子上跳起来，违反纪律）。

在三年级的春天，教师给孩子们展示一些树枝。维佳非常地安静，没有插队，他走到桌前仔细地研究这些树枝。

班上同学都很喜欢维佳。他很坦率公正地评价了自己和其他同学的一些行为。在班级早会和其他节日中维佳就成了"核心人物"，他说笑话、朗诵和跳舞样样在行。维佳对讽刺诗很有兴趣，他在七、八年级的文艺晚会上朗读并获了奖。

维佳能敏锐地理解寓言。例如，在阅读一篇寓言并讨论什么是阿谀奉承时，维佳说，阿谀奉承就是拍马屁，是一种虚伪的称赞。女教师经常善用维佳的幽默和自嘲来纠正他自身的行为。

第二节 掌握知识和技巧

怎样在本书所说的小学教学体系下掌握知识和技能，这点已在前文中作过部分说明。现在我们专门列举一些事实①，将它们

---

① 在即将出版的《掌握知识和小学生的发展》这一专著中详细阐述了知识和技巧的掌握情况。

与按传统小学教学体系学习的普通班①学生知识和技巧掌握的情况进行对比。

为了弄清《无生物界》这门课程知识掌握的质量，我们对三年级实验班和四年级监控班的学生们进行一些个别谈话。从四年级监控班选出的都是好生，而从三年级实验班选择的既有优秀生，又有中等生。我们来引用监控班学生的一些答案。

女教师：你知道大气有哪些特性吗？

鲁斯兰：有气态的、固态的和液态的。

女教师：那怎样才能得到固态大气？

鲁斯兰：没有，这不存在。

女教师：关于热空气和冷空气你了解哪些？

鲁斯兰：由于流动……是那样一种情况（他用机械的，不经大脑的语调复述出所背熟的材料）。奶奶拿来一盏煤油灯，小孙女围着煤油灯绕来转去，煤油灯旁边就出现了一小片液体，奶奶于是责备了小孙女，孙女说……哎呦，不是的！这瓶子是装水的而不是装空气的。水有液态和固态，还有气态……不，空气才有气态，水只有液态和固态。

女教师：那怎样把浑浊的水变成干净的水？

塔尼亚：我们用吸墨纸将浑浊的水过滤掉就得到干净的水啦，那些水里的浑浊物都吸附在吸墨纸上面。

女教师：怎样理解"有弹性的"这个词的意思？

185

———————

① 以后我们把这种班称之为"监控班"。

塔尼亚：弹性就是物体能像松紧带那样能够回到原有状态的特性，能够收缩伸展又恢复原状。

女教师：请解释一下什么是"自然界的水循环"？

瓦利亚：地面水汽蒸发被带到高空，在云层聚集凝结再经降水回到地表的过程就是自然界的水循环。

女教师：怎样论证空气是有弹力的？

瓦利亚：用两个木塞把铁管两端堵住，用铅笔将其中一个塞子往里推动，然后这个塞子自身会慢慢的在铁管里移动，这就是空气弹力在发挥作用。

女教师：如果木塞快速向里移动，这说明什么？

瓦利亚：它不可能快速移动的，因为铁管另一端还有另一个木塞呢！

女教师：那弹性究竟是什么呢？

瓦利亚：这个我真不知道。

从上面的对话记录可以明显看出学生们把空气和水的特性弄混淆了，在这种情况下有些知识是模糊不清甚至完全被曲解了。对谈话中所涉及的现象缺乏准确全面的理解。就像塔尼亚说的浑浊的水会渗进吸墨纸里去，塔尼亚没有理解弹性究竟具有什么特点（"……伸展又变回原型"）。瓦利亚说水上升，她也不明白什么是弹性（"不可能很快往前推，因为前面还有一个木塞子"）。

现在让我们看一下实验班学生的回答。

女教师：怎么把浑水变成干净的水？

加利亚（中等生）：需要利用滤纸，这个可用吸墨纸做成。

　　　　　我们把浑水往滤纸上倒，沙砾和泥土会留在滤纸
　　　　　上，而干净的水就会被分离出来。

女教师：如何来证明空气具有弹力这一原理？

尤　拉（中等生）：根据使用打气筒的经验，当我们往下压
　　　　　空气管时空气体积变小压强增大，你可以感受到这
　　　　　个气体就像个小弹簧一样在顶着你，它想占据更多
　　　　　的空间。

女教师：你知道水有哪些形态吗？

加利亚（中等生）：比如说，当水壶里的水沸腾时水就会变
　　　　　成水蒸气，它是水的最小形态。如果用一个盘子去
　　　　　挡这个蒸气，盘子就会变湿，然后就会形成水滴，
　　　　　当水滴越来越重时就会滴落——水蒸气冷却变成
　　　　　水滴。

女教师：自然界中水的运动形式是怎样的？

萨　莎（优等生）：自然界中进行着水循环运动。晴天时阳
　　　　　光照射地面，水温升高，水蒸发成为雾气。白天时
　　　　　这一现象还不明显，到了晚上雾气就重了。当雾气
　　　　　蒸发升腾就会在高空变成云。风吹动云，云会冷却
　　　　　变成水滴，当水滴达到一定数量和重量就会以雨的
　　　　　形式降落到地面。一部分雨水渗入地里，一部分通
　　　　　过小溪流入大海，然后进入新的一轮转化。因而被
　　　　　称为水循环。

女教师：如果水温并没有上升呢？

萨　莎：蒸发总是存在的，只不过比较缓慢而已。

对比两班学生的回答可以很明显看出，实验班学生的回答具有理解性。孩子们能顺畅流利地叙述已学过的知识，并没有一味回忆书本上的表述。当学过的课本知识有些遗忘的情况下，虽然在细节上会有个别不确切的地方，但基本上还是能正确重现已学过的知识。

理解性及内在的逻辑对于实验班学生们重现所有已学科目的知识是有帮助的。

现在我们转入另一个问题，在分析解决新的问题时学生们在多大程度上会使用已学过的知识技能。关于这一点我们接下来用实例来分析。我们给三年级实验班的学生们提供了三类词（名词、形容词和动词），让他们来分析词的组成部分，也就是划分词根、前缀、后缀、词尾。结果实验班的错误量为 0.4，而监控班学生的错误量为 1.8。监控班出现的错误证明了一点，即与平时课堂练习相比他们不善于在更复杂的情况下去划分词类。这些学生分析单词组成部分的能力极其有限，可以说是"能力范围狭小"。

正字法识字水平方面的数据更有代表性。尤其是实验班花在俄语上的时间比监控班的学生要少 20%～30%。

在三年级的实验班还进行了课文听写。听写课文摘录如下：

Наступление   весны

Наступила весна. Прилетели грачи и начали вить свои гнезда. В чистом воздухе громко поет жаворонок. Сильно тает снег. Лед на реках ломается. На солнечном припеке зазеленела травка. Просыпается березка. Корни жадно тянут влагу из земли. Происходит подъем влаги по стволу, по веткам. Влага доходит до почек. Почки пьют сок и в теплом воздухе начинают разбухать и расправляться. С большим нетерпением мы ждем весны, Так и хочется громко крикнуть цветам и птицам: Цветите, пойте, вейте гнезда!

在三年级和四年级的监控班也进行了这样的听写。每个学生（平均数）听写的平均错误量是：在三年级实验班—1.6，三年级监控班—3.5，四年级监控班—2.0。

监控班的平均错误率比实验班要高2倍多（3.5和1.6）。甚至四年级监控班学生比三年级实验班学生的错误率要高得多。

学年初在四年级实验班进行了以下的一次听写。

Повариха сварила жирный борщ. Зоопарк объявил о прибытии носорога. Сороконожки ползали по полу. Федя Петров рос как на дрожжах. От опушки до ручья мы шли медленно. Я отнес кость Жучке. Резьба по дереву очень красива. «Широка страна моя родная».

（厨师煮了很油腻的汤。动物园里宣布一头犀牛的到来。40只腿沿着地面在爬。费佳·彼得罗夫像酵母一样长得很快。我们从林边到小溪慢慢地走着。我碰了一下茹切卡的手肘。树的年轮很美丽。《我的祖国是那么的地大物博》。）

在五年级的两个监控班（五甲和五乙班）也进行了听写。

根据所有的标准，四年级实验班的错误率要比其他四个班低得多。在实验班和五年级监控甲班就发现了这种极大的差距。四年级实验班的学生在名词词尾，不发音的辅音的书写规则，前缀的拼写等错误中要比五年级监控甲班少5～6倍，甚至是9倍。在漏写或替换字母这种错误方面同样也是如此。在所有实验班仅仅只找到了一个类似错误，而在五年级甲班这样的错误有8处。

班级的平均错误率（四年级—2个，五年级甲班—4个，五年级乙班—3个）说明了实验班学生的识字水平比监控班学生要高。在实验班一个学生的平均算数错误比五甲班要少一半，比五乙班要少三分之一。

这些班级间的差异不仅在其平均数量的对比，而且在其数据数量的比较中展示出来，在这些数据中存在着同样的错误。在表格1中显示了类似的对比。（百分比显示了有以上这些错误学生的数量。）

表1

班级	一个错误都没有	1～3个错误	3个以上错误
实验班	46%	38%	16%
五年级监控甲班	7%	63%	30%

实验班几乎有一半学生在听写中一个错误都没有。在五年级监控甲班中只有一小部分学生没有错误。

在学年末的听写中我们发现了实验班和监控班类似的差异。同样的听写在四年级实验班和在五年级监控甲班中进行。平均每个学生的错误率是：实验班—1.7，而监控班—3.0。尽管监控班的学生上过四年级的课程，比实验班学生多学1年，比他们年长一岁，但是监控班的学生的听写成绩比实验班要低得多。

对比听写和写作中的错误数量也很有趣。听写和写作中存在的正字法识字水平差距很明显。在听写中识字率很高的学生在写作中却犯了很多的错误。在实验班学生中并没有发现这种明显的差距。

临近学年末时我们将对比三年级实验班学生在听写和写作中的错误率。因为听写中的单词量和写作中的单词量不一样，可以将听写中的错误率和写作中的平均写错字数进行对比。听写（77个词）中的错误率为 2%，而在写作（130 个词）中的错误率为 2.5%。

正如我们所见，在听写和写作中的正字法识字水平差距不大。

实验班学生和监控班学生在写作中的错误率对比有很大的差异。比方说：相同主题的写作，实验班学生只有 3% 的错误（在写作中平均错误量与平均单词量的对比），而监控班学生为 7%。

实验班学生正字法识字水平方面的这种极大优势一直保持在初期的学习当中。当五年级的教科材料变得极其复杂时，学生的这种优势还在保持。

表格 2 说明了这一点，在表格中列举了在听写中的错误数量（平均每个学生的错误量）。

表 2

班级	二年级	三年级	四年级	五年级
实验班	1.2	1.6	1.7	1.9
监控班	1.3	3.5	3.6	3.0—4.1

我们在加里宁市和图拉市的 30 个班级进行了更广范围的实验，实验班学生的优点呈现得更加明显。二年级第二学年末在加

里宁市中学的 8 个实验班和 8 个监控班进行的调查表明，实验班学生在听写中平均每人有 0.3 个错误，而参考书中的资料显示三年级平均每个学生在听写中的错误量为 1.5～2.9。[①]

至于说到解答小学算术课中的一般习题，莫斯科第一个实验班与监控班相比并没有什么极大的差异。四年级上学年末在莫斯科不同学校实验班和在五个监控班中进行了一次调查。学生来做六道来自四年级课程中不同章节的算术题目（三个多位数的相加，五位数减五位数，三位数乘以三位数，六位数除以三位数等等。）监控班中平均每名学生做对五题，而实验班同样也是五题。其他的调查结果也很明显，实验班学生比监控班同龄学生做对的题目要多。然而在其他学科和算数课其他章节内容中并没有显示出这种极大优势。

我们所提的教学体系并没有在计算操作方面取得显著的效果，这可能是由于教学过程中我们没有重视计算操作的特殊地位。显然，为了获得相当大的优势，需要专业的教育法。

与此同时应当强调的是：我们提出的小学教学体系在计算机操作方面起到了明显的作用。不然怎么解释实验班学生计算机的掌握不比监控班差，即使实验班花在练习上的时间要少得多？

关于培养计算机技能与学生普遍发展这两方面的联系问题应当成为专门研究的对象。这将在我们现在所进行的广泛的实验中得到实现。

实验班学生的巨大的优势表现在解答习题上。监控班学生需

---

① H. C. 罗日杰斯特文斯基：《词的语音分析和词法分析是提高三、四年级学生正字法知识水平的手段》，载《小学俄语教学法问题》文集，莫斯科：俄罗斯联邦教育科学院出版社 1959 年版。

要对同一类型的题目进行反复多次练习才能熟悉掌握解题方法，一旦超出其所熟悉办法的范围，上述实验班和监控班的差异就会更加明显。

在第二学年就可以看出由教学体系所决定的明显分化。在二年级上半学年末会采用间接形式测试解题情况。给学生提出以下问题：人们往作坊运来一匹布，用这匹布缝制七条一模一样的连衣裙，每条要用 4 米布。做完裙子还剩 10 米布，问这匹布一开始有多长？

8 个实验班中有 95％的学生正确回答了该问题，而 8 个监控班中只有 26％的学生能回答出来。

在解答条件不充分的问题时也有很大差异。

在三年级提出过这样的问题。至于说到实验班，所有学生都看出了习题的特点。将所缺条件告诉他们以后，83％的学生能独立地解出习题，而 17％的学生会寻求帮助或只作出部分回答。而在监控班，只有 33％的学生发现此类问题不可解，因为条件不充分。而将所缺条件告诉他们以后，只有 8％的学生可以独立解出题目，17％的学生需要一定的帮助才能解出或者部分解出，还有 75％的学生是解答不出来的。

结束语

培养共产主义未来的新一代人才——这个目标决定了苏联学校的教育结构，其中包括初等教育。这一阶段学校教育事业的现状是：不能满足于对个别部分进行提高、改正和补充。为了学生的普遍发展，为了大幅度提高教学效率，必须进行根本性改革。所进行的实验证明了相关改革的可能性，并找到了包括各学科教学法在内的改革的具体途径。

根据新体系学习的孩子在普遍发展上的巨大优势能够促进低年级学生年龄问题的正确解决。高水平地解决这个问题非常重要。要知道在维护传统的小学教育体系时通常会有一些理由，人们认为提高教学的难度和速度都是不正确的，因为学生的年龄让他们似乎不能理解更加复杂的材料。

在我们的研究中有大量的实际材料可以证明，各年龄段之间并没有绝对无法跨越的鸿沟。当然，存在着儿童发展的一般规律。然而由于孩子活动所处的条件不一样，而对学生来说，这首先取决于学校教学与教育的结构，这些规律的具体表现会有强烈的波动。我们所进行的实验已经推翻了这样一种说法，即认为小学生不能接受比现行小学教材要更加复杂和广泛的教材。

将学生的发展和使其高水平的掌握知识技能这两方面对立起来是个很愚蠢的错误。因为学生在发展上的实质进步是他们真正自觉深入掌握知识的最重要条件之一。

加快知识传播的速度绝不应是最终目的。高速的教学工作必须以能达到学生普遍发展的最佳教学效果为条件。完成这项任务会为掌握知识和技能带来丰富的成果，也会大大节约教学时间。三年内上完四年的小学教育课程。学生们在普遍发展上快速且集中的进步使其有机会大大地扩展和加深当前所学的知识。

怎样才能表现小学教育的独特性？目前对此问题的解决出现了一个愚蠢的错误，即从掌握知识和技巧的角度直接片面地去解决它。这点在人们关于小学教育具有基础性的主张中得以体现，或者在人们对片段性课程授课（与以后各级学校的系统性课程有所区别）的论断中也可以发现，以及在技巧训练（学会读、记、数数）这一任务的陈述中也得以体现。

实际上，小学教育应当在科学、文学和艺术的基础上，让学生了解世界的一般图景。这里涉及自然界、人类生活和劳动、劳动人民反对剥削压迫的斗争、科技和经济进步、建立共产主义社会。

上述任务清楚地将初等教育和学前教育区分开来。试图忽略学前教育和小学教育的差异，在一年级教学中采用学前教育的方法，或者在学校中建立像幼儿园大班那样类型的班级，这些都是不正确的。为了实现学前教育和小学教育之间应有的连续性，促使儿童普遍发展的工作变成学前教育的核心。

根据本书所阐述的对小学教育的理解，它明显区别于下一阶段，也就是五到八年级的教育。当然可以说，在这个阶段也应让学生了解下世界一般图景，在这点上小学教育与后续阶段的教育是非常接近的，况且也不会有别的情况，因为它们都是学校教育的阶段。与此同时，小学教育也有相当大的独特性。它是在科学、文学和艺术基础上对世界进行认知的第一个周期。该特点在学校教育初期所占的地位以及低年级的年龄特点决定了小学教学的根本特点。我们现在就来讲讲这个特点最重要的方面—分析和综合的相互关系。

当然，不仅在小学教育阶段，而且在随后的教育阶段学校应该向学生展现整个世界图景。但是在小学教育中这个整体性有着直接性的特点。

在以后的各个阶段，当学生接触到各学科更加广泛的科学知识时，他们对世界的认识就体现了差异性。例如，对大自然的认识就是通过学习植物学、动物学、物理和化学来实现的，并且在每门学科中都有相当程度的分析。因此，完整的世界图景在这里就是基于认识的精细差别建立的。

应该特别注意的是，这种对学校教育阶段的划分对于学生辩证唯物主义世界观的形成极其重要。这里不仅保证了世界观形成过程的统一，又保证了划分出不同的阶段并使得每个阶段都有其根本的特点。

应该根据上述所提的小学教学特点和每门学科的特征来决定是否按直线式编排学校教学大纲。要解决这个问题就不应对所有学科进行一刀切。

对大多数学科来说应当遵循直线式编排教材的原则。要真正地掌握小学学过的知识，而不只是"初步地""入门地"和"片段性地"学学。这样再次回到这个知识点时就不用从头学起了。

但也有一些学科的教材是根据圆周式编排的。这些学科有：历史、自然和地理。上述小学教学的任务，小学生的年龄特点以及有限的学习时间都使得人们不能立即展开这些学科的学习。

我们希望，本书所提的小学教学结构能继续得到发展。毋庸置疑，与现行教材相比，以后的教材会更加深刻。在确定教材范围及其年级分布时，我们考虑到了苏联学校近些年来的各种可能性。

因此，我们既要考虑解决当前学校教育的迫切问题，也要考虑构建未来学校——共产主义社会学校的远景。